融媒体时代下的新闻传播研究

姚　圆　黄　慧　阮占君◎著

中国出版集团　现代出版社

图书在版编目（CIP）数据

融媒体时代下的新闻传播研究 / 姚圆，黄慧，阮占
君著. — 北京 : 现代出版社，2023.12
ISBN 978-7-5231-0585-6

Ⅰ．①融… Ⅱ．①姚… ②黄… ③阮… Ⅲ．①新闻学
－传播学－研究 Ⅳ．①G210

中国国家版本馆CIP数据核字(2023)第211272号

著　　者　　姚　圆　黄　慧　阮占君
责任编辑　　张　霆

出 版 人　　乔先彪
出版发行　　现代出版社
地　　址　　北京市安定门外安华里504号
邮政编码　　100011
电　　话　　(010) 64267325
传　　真　　(010) 64245264
网　　址　　www.1980xd.com
印　　刷　　北京四海锦诚印刷技术有限公司
开　　本　　787mm×1092mm　1/16
印　　张　　10.75
字　　数　　220千字
版　　次　　2023年12月第1版　2023年12月第1次印刷
书　　号　　ISBN 978-7-5231-0585-6
定　　价　　58.00元

前　言

　　融媒体时代，新闻传播的媒介方式在不断变化，从而形成多平台、多渠道、多元化的新闻传播格局。融媒体时代下的新闻传播研究是一个不断发展和探索的领域，需要跨学科的合作和多方面的研究方法，以应对快速变化的传播格局和技术革新。

　　基于此，本书围绕融媒体时代下的新闻传播展开研究。首先阐释新闻传播的理论与价值发挥，内容包括新闻传播的媒介演变与实现、新闻传播的本质与特点、新闻传播的要素与功能、新闻传播的价值与发展方向。其次分析融媒体时代下的新闻传播流程与发展，内容涉及融媒体时代的内涵与传播要点、融媒体时代下的新闻传播流程、融媒体时代下的新闻传播创新措施、融媒体时代下的新闻传播人才培养。接着论述融媒体时代下电视传媒新闻传播的优化与商业实践，内容涵盖电视传媒的发展与传播要点、融媒体时代下电视传媒新闻传播的发展动因与特性、融媒体时代下电视传媒新闻传播的优化策略、融媒体时代下的电视传媒文化商业模式创新。然后从微信平台与短视频平台两方面，研究融媒体时代下的新闻传播微信平台应用、融媒体时代下的短视频新闻传播思考。最后探索融媒体时代下的县级融媒体中心新闻传播创新，内容涵盖融媒体中心及其传播要点、县级融媒体中心建设与优化策略、融媒体时代下的县级融媒体中心新闻传播完善措施。

　　本书结构完整，覆盖范围广泛，注重理论，突出实用，具有较强的专业性。该书适用于广大融媒体、新闻传播领域的从业人员、高校师生和知识爱好者阅读，并具有一定的参考价值。

　　本书在写作过程中，得到了许多专家和学者的帮助和指导，在此表示诚挚的谢意。由于笔者水平有限，加之时间仓促，书中难免存在疏漏之处，恳请读者提供宝贵意见，以便作者进一步修改，使之更加完善。

目　录

第一章　新闻传播的理论与价值发挥

第一节　新闻传播的媒介演变与实现

新闻传播是指新闻信息在不同媒体平台和渠道之间的传递和传播过程。它涉及新闻内容的生产、选择、编辑、发布以及被观众、读者或受众接收和理解的过程。新闻传播的目标是将重要的新闻事件、信息和观点传达给公众，以便他们了解当下的社会、政治、经济和文化事态。

一、新闻传播的媒介演变

媒介即万物，万物皆媒介。新闻媒介是以传播新闻为主要任务的媒介载体。就近现代以来的新闻媒介而言，报刊、广播、电视三大新闻媒介，一直呈三足鼎立之势，在形式上相辅相成，在新闻传播的历史长河中扮演着极其重要的角色，时至今日仍然具有非常大的社会影响力。新闻媒介区别于其他媒介的个性特征主要表现在以下四个方面：①以新闻报道的迅速、及时见长。②以新闻报道的真实、客观、公正取胜。③以发表具有独到见解的评论为世人瞩目。④以编排新颖活泼、具有独创性的作品吸引大众关注。

新闻媒介的双重属性包括：①政治属性。新闻媒体作为党和政府的喉舌，承担着重要的宣传任务，肩负着引导社会意识形态、弘扬社会主义核心价值观等各项重要责任。②产业属性。新闻媒介作为信息产业的重要组成部分，在经济上自主经营、自负盈亏、依法纳税，具有很强的产业属性。

新闻传播的媒介演变是指随着时间的推移，新闻传播所采用的媒介形式不断发生变化和演进。媒介演变主要是由技术的进步和社会文化的变化所驱动的。新闻传播的媒介演变如下。

（一）纸质媒介

自古以来，人们就追求获取最新资讯和信息。新闻传播作为获取信息的重要途径之一，随着时代的演进，其媒介形式也不断发生变化。纸质媒介，作为新闻传播的重要组成部分，在人类社会发展的历程中扮演了重要的角色。

第一，手抄报与壁报。在漫长的历史进程中，人们通过手工复制和书写的方式传播信息。手抄报是早期新闻传播的一种常见形式。人们将新闻事件、知识和见解写在纸上，然后以邮寄、传阅等方式传播。随着手抄报的普及，人们开始将信息张贴在公共场所，形成了壁报的传播形式。这种方式虽然传播范围有限，但为人们获取信息和传播思想提供了重要渠道。

第二，报纸。中国印刷技术的诞生，大大推动了新闻传播的发展。并且随着印刷技术的不断改进和创新，报纸逐渐成为新闻传播的主要形式，它可以大规模地印刷、分发，并且涵盖了各种主题。报纸的出现使新闻传播变得更加高效和广泛。同时，报纸的发行也成为新闻机构获取资金和营利的重要手段，从而促进了新闻业的发展。

第三，杂志。随着社会的发展，杂志开始出现，它们相对于报纸更注重特定领域或主题的深入报道和分析，涵盖了新闻、时事、科技、文学、艺术、生活等各个领域。杂志通常是定期出版的，以周刊、月刊、季刊等形式呈现，读者可以从中获得更深入的思考和更广泛的信息。

（二）电子媒介

第一，广播①。广播通过无线电传播声音，属于电子媒介的一种。广播不受其他附加条件的限制，实现超远距离的信号接收，特别是短波频段。对于那些卫星电视信号难以覆盖、纸质媒介发行难以到达的偏远山区，广播也可以实现信息的传播，因此在我国，对农广播在很长一段时间内，都是必不可少的存在。广播的特征包括：现场感、渗透性、声音感染力、伴随性、线性传播。广播的内容呈现方式仿佛是围绕声音而展开的，声音的互动远胜过文字和画面的互动，这就是为什么电台热线如此重要。比起其他媒介，广播更适合把复杂的东西简单化。

第二，电视。电视是通过无线电波或导线传输声音和图像的大众传播媒介，电视的产

---

① 1920年11月，美国西屋电气公司主持建立的广播电台在匹兹堡正式播音，这是世界公认的第一个正式广播电台，以新闻节目的播出为主。

生与发展同样得益于电子技术的进步。三维动画技术使电视画面更加丰富和生动，数字化的设备使电视图像更加清晰，可以说，电视媒介发展的每一步都离不开科技的探索与演变。电视注重视觉感受，可以展现形态、声音、色彩的各种美，综合了绘画、雕刻、建筑、音乐、诗歌、舞蹈、戏剧、电影的各种表现形式，节目内容丰富，涉及人们日常生活的方方面面。就我国的电视节目而言，主要有新闻类、咨询服务类、娱乐类、艺术类等各种类型，并且有丰富的形式供用户选择。

（三）网络媒介

互联网。互联网，是一种把众多计算机网络联系在一起的国际性网络，它是计算机技术、信息技术与通信技术融合的产物。互联网是当代世界上规模最大的超远距离信息传送网络，具有传播快捷、海量信息、全球性和跨文化性、交互性强、形式多样等特征。

手机。手机日益普及，功能越来越全面、越来越强大，智能化是现代手机演进的方向。手机已经从一个单纯的通信工具变成了集便携通话、娱乐功能、传播媒介于一体的新型信息化终端，并在与互联网结合的过程中表现出了前所未有的优势。手机可以被看作继报刊、广播、电视、互联网之后的第五媒介。手机的传播特点包括时效性强、便携灵活、个性化传播、互动传播。

二、新闻传播的实现

"新闻是个人了解社会的主流信息渠道，新闻资讯传播对于社会发展以及个人认知形成有深刻影响。"[1] 随着科技的进步和用户行为的变化，新闻传播的实现方式在不断发展，而对新闻内容的要求则一直是真实、客观、可靠，以提供准确的信息给受众。新闻传播实现的重点在于"传播"一词，它强调传播的实现，而传递的内容则是新闻，新闻工作者从采集到制作的过程，只是完成了新闻产品的生产，并不代表新闻传播就已经实现。

（一）新闻传播的实现渠道

随着媒介方式的变化、社会形态的改变，新闻传播的实现渠道如下。

1. 新闻传播的自我传播

自我传播是指个体通过自己的行为、言语或社交媒体等途径传播信息。现代社交媒体

---

① 常佳瑶，郭松. 新媒介时代的新闻传播发展趋势——评《媒介与社会：新闻传播的视角》[J]. 中国教育学刊，2023（01）：131.

平台的普及使得自我传播成为一个重要的渠道，个人可以通过发布博客、社交网络、微博等方式传播自己的观点、新闻和信息。

自我传播传者受者一体化，不需要传播媒介。个人通过实践获取生存发展所必需的经验，经过自我内部对信息的传递和处理，将其应用到新的实践当中，从而完成传播的循环。在完整的新闻传播流程中，信息从发出到接收的完成必须抵达受众。只有受者对传播者的信息进行个性化解读后，才算一次成功的信息传播。

自我传播对外在信息的理解离不开受者自身的知识结构和价值体系，渠道中不同的媒介形态也会影响传播效果。例如，纸媒传递信息更精准，富有逻辑性，文字的理解需要一定的知识素养，传播偏精英化。而广播和电视媒体通过声音或声画传递的信息对感官的作用更加全面，更容易理解，着重于情绪的传递，受众更加广泛。两种不同媒介的自我传播效果是截然不同的。

2. 新闻传播的人际传播

人际传播是指信息通过个人与人之间的面对面交流或直接联系传播。这是一种非常直接的传播方式，如口头传递新闻、电话、邮件、即时消息等。人际传播是为了两个人进行交流，传播的对象和目标是一致的，希望有反馈，强调人与人的互动。象征性的社会交换理论认为，符号的意义交换必须有一定的前提，即交换双方都必须有共同的意义空间。意即人际传播过程中传受双方必须有共同理解的语言、文字等意义符号，并且具有大体一致或接近的生活经验和相应的社会文化背景。

人际传播在新媒体时代充分发挥了其亲和力和自主性强的特点，简化了传统新闻制作的过程，如网络上的自媒体，制作简便、传播广泛、内容个性化、形态亲民化，形成对主流媒体的补充，丰富了话语场。

3. 新闻传播的组织传播

组织传播是指由组织、机构或公司等发布和传播信息。传播主体包括新闻机构、政府机构、企业、非营利组织等，它们通过新闻稿、新闻发布会、公告、新闻网站等形式将信息传递给公众。组织传播的信息来源相对可靠，并拥有更多的资源，包括资金、人力和技术，可以用于进行信息传播。这使得它们能够在广告、公关活动、社交媒体宣传等方面投入更多，提高信息传播的效率和影响力。组织传播通常会根据自身的目标和利益进行策略性的信息传播。它们会精心策划信息的发布时间、内容和形式，以最大限度地维护自己的利益和形象。因此，在进行组织传播时，应该注重传播伦理和诚信原则，保持信息的公正性和透明度。

4. 新闻传播的群体传播

群体传播是指信息在特定的社会群体或社群中传播。这种传播方式常见于各种兴趣群体、社交圈子、在线论坛等，信息通过群体内部的分享、讨论传播。群体传播是生活在同一个地域，或者因为某些目的而聚集在一起、遵守群体意识规范的人们之间的传播。我们每个人都生活在群体当中，我们可以隶属于不同的群体，这个群体可以是现实中真实存在的，也可以是在网络虚拟空间所创建的。但无论是真实的还是虚拟的，身处该群体中的人都要有共同的群体意识，并遵守一定的群体规范。网络自媒体时代使群体传播得到更好的诠释，受众不再仅仅是受众，他们同样可以作为传播者来发布新闻。人们可以将身边发生的事第一时间发布到网上，甚至可以掀起舆论狂潮。

5. 新闻传播的大众传播

大众传播是指通过大规模媒体渠道传播信息，涵盖广播、电视、报纸、杂志和网络等媒体。这种传播方式具有广泛覆盖面和影响力，可以将信息传递给大量的受众。从自我传播到大众传播类型的形成主要有两方面的原因：①社会化进程加快，交通、经济的发展等因素缩短了人与人之间的地域和心理距离，社会整体传播参与人数增加，社会形态演变、社会结构复杂化，出现了不同的话语体系、不同的社会层级，需要不同的传播路径满足自身需要；②科技的发展促进了媒介形态的发展，从语言、图案到文字符号，再到声讯和视频图像，信息载体和媒介形式功能大幅拓展，信息传递时空疆域大幅拓宽，满足了各类规模传播途径的技术需求。

大众传播是为了达到群体的目标，信息的共性很强，有强制性，传播渠道单一，更有利于组织和体制的正常工作，保证了大规模的群体生活稳定。在现代传播社会，任何传播途径都不是单独存在的。就个体而言，在接收传统的大型媒体新闻报道和影像信息的同时，还吸收了各种团体组织如学校、公司或家庭、社会团体的信息。在解读过程中，我们并没有完全按照传播者的意图接受意义，而是根据自身经验和偏好进行个性化的解读。就某个组织而言，内向传播和外向传播分别担负着调整内部结构和塑造外部形象的功能，正式渠道传播保证组织内部政令畅通，非正式渠道担负着人际传播功能，调整组织内部矛盾。不同传播类型互为渠道、互相包含，各自独立又相互联系，从而形成整个社会宏大的信息传播系统。

（二）新闻传播的实现策略

新闻传播是现代社会中至关重要的一环，它扮演着连接信息生产者与受众的桥梁角色。

在信息技术的飞速发展下，新闻传播已经经历了巨大的转变。新闻传播的实现策略如下：

第一，丰富信息呈现方式。新闻传播可以采用各种不同的信息呈现方式，以满足受众的不同需求。传统的文字报道虽仍有其重要性，但随着多媒体技术的成熟，音频、视频、图像等多种形式的信息传递逐渐成为主流。通过视频直播、音频播客、图文并茂的报道等形式，新闻内容更加生动、直观，有助于吸引受众的兴趣。

第二，润色信息内容。在新闻传播中，润色信息内容是非常关键的一步。这包括对新闻稿件进行编辑、审查，以确保其准确性、客观性和权威性。编辑人员需要根据事实进行核实，修正或补充信息，并去除虚假或不实信息，以保证新闻报道的真实性和可信度。同时，润色信息内容还包括对语言表达的优化，以提高新闻的可读性和表达力。

第三，扩大新闻传播范围。随着互联网的普及，新闻传播的范围得到了极大的扩展。传统的报纸、电视台等媒体仍然在发挥重要作用，但新兴的数字媒体平台如社交媒体、新闻网站、博客等，也成为信息传播的热门渠道。这些平台使得新闻可以实现更广泛的传播，无论是在地域上还是在群体上，都可以触达更多的受众。

第四，跨平台传播新闻。随着移动互联网的快速发展，越来越多的人习惯在手机、平板电脑上获取新闻信息。因此，新闻传播需要适应不同平台的特点，确保新闻内容在不同设备上的呈现效果一致。这需要在信息制作和传播上做出相应的调整和优化，以提供更好的用户体验。

第五，加强与受众互动。现代新闻传播已经从单向传递变成了双向互动。传统媒体在网上设立评论区，新闻网站开设留言板，社交媒体允许用户点赞、评论等，这些都是促进传播者与受众之间交流的途径。通过加强与受众的互动，新闻传播主体可以更好地了解受众需求和反馈，从而不断改进和优化信息传递的方式。

第六，重视数据新闻。数据新闻是新闻传播中的一个重要趋势。通过大数据的分析和可视化呈现，可以让复杂的数据变得更易懂、更具吸引力。数据新闻不仅可以提供更深入的报道，还可以帮助读者更好地理解事件的本质和背后的规律。

第七，加强新闻传播的伦理约束。随着信息传播越来越便捷，一些不负责任的报道和虚假信息也随之出现。因此，加强新闻传播的伦理约束和自律十分重要。媒体从业人员应秉持客观公正的原则，严守新闻职业道德，确保新闻内容的准确性和可信度。

总而言之，新闻传播的实现需要丰富信息呈现方式，润色信息内容，扩大新闻传播范围，跨平台传播新闻，加强与受众互动，重视数据新闻，以及加强新闻传播的伦理约束。只有不断适应时代的发展和人们需求的变化，新闻传播才能更好地履行使命，为社会带来更多价值。

第二节　新闻传播的本质与特点

一、新闻传播的本质

"本质是事物的根本性质，决定着该事物之所以为该事物而不是别的事物。"① 新闻传播的本质是指新闻在社会中产生、传递和接收的基本特征和目的。它涉及新闻的起源、内容、形式以及对受众的影响。新闻传播在现代社会中扮演着重要的角色，对公众认知、社会舆论和政治决策等方面都有着深远的影响。

第一，信息传递与传播。新闻传播的本质之一是信息传递与传播。新闻通过媒体向公众传递有关事件、事实和观点的信息。传播的过程涉及记者收集、编辑和报道新闻，媒体传递信息给受众。这种信息传递有助于提供公众所需的信息，帮助公众了解世界，参与社会生活，以及做出决策。

第二，客观性与主观性。新闻传播中一个重要的问题是新闻报道的客观性和主观性。新闻应尽可能客观地报道事实，但由于新闻报道是由人来完成的，难免会受到记者的主观影响，可能存在偏见和误导。因此，保持新闻报道的客观性和主观性是新闻传播的一个关键挑战。

第三，社会责任与商业利益。新闻传播的本质还涉及媒体的社会责任与商业利益之间的平衡。媒体是公共信息的重要来源，应该承担起对社会的责任，确保报道的准确性和客观性，促进社会进步。然而，媒体也需要经济支持，可能会受到商业利益的影响，这可能导致报道倾向于迎合观众，以吸引更多广告和赚取利润。

第四，受众的角色。新闻传播的本质也与受众的角色密切相关。受众是新闻传播的终端，他们对新闻的接收、理解和反馈对于新闻的影响至关重要。受众的兴趣、需求和价值观会影响新闻报道的内容和形式。同时，媒体也要积极回应受众的需求，满足他们对信息的需求，提供有价值的内容。

第五，社会变革的推动者。新闻传播是社会变革的推动者之一。通过报道社会问题和事件，新闻媒体可以唤起公众对于问题的关注，引发社会讨论和行动。新闻报道可以激发公众对社会公正、人权、环境保护等议题的关心，从而推动社会朝着更好的方向发展。

---

① 曹征海，文意. 中国特色社会主义新闻传播的本质与作用 [J]. 理论建设，2016（01）：126.

总之,新闻传播的本质在于信息传递与传播,同时涉及新闻报道的客观性与主观性、媒体的社会责任与商业利益的平衡,受众的角色以及作为社会变革推动者的作用。在不断发展和变化的社会中,新闻传播的本质也在不断演进,但其在促进民主、加强社会关系、塑造公众舆论等方面的重要作用将永远存在。

二、新闻传播的特点

新闻传播是信息在社会中传递和交流的过程,它具有许多独特的特点。

(一) 客观性

新闻传播的客观性是指新闻报道在内容和表达上应该客观中立,真实客观地反映事件和事实,不带有主观色彩或偏见。客观性是新闻媒体的基本原则之一,它是保障新闻公信力和可信度的重要保证。下面将从不同角度来探讨新闻传播的客观性。

第一,客观性是新闻报道的基石。新闻媒体作为信息的传递者和社会的监督者,必须保持客观中立的态度,以准确、真实地报道事件和事实。新闻工作者在采访和报道过程中应该避免个人情感和立场的介入,坚持事实的客观性,不对事件和人物做主观评价与偏袒。

第二,客观性与新闻的权威性和可信度密不可分。只有客观中立的报道才能赢得公众的信任和尊重,才能成为公众获取信息和认识世界的重要来源。一旦新闻失去客观性,就会使其失去公信力,进而影响到新闻媒体的声誉和地位。因此,媒体机构应该严格要求记者遵守客观性原则,同时加强对新闻内容的质量管理和监督。

第三,客观性对于舆论引导和社会和谐具有重要意义。在信息时代,新闻报道的内容和导向往往会影响公众的观点和态度。如果新闻缺乏客观性,过于偏袒或片面,可能会引发社会矛盾和舆论冲突。而客观中立的报道可以帮助公众形成客观理性的判断,有利于维护社会和谐稳定。

第四,客观性还与新闻媒体的自律和责任感密切相关。新闻媒体作为公共服务的行业,应该担负起传递真实信息、引导正确舆论的责任。在面对各种压力和诱惑时,媒体机构和记者要坚守客观性原则,不受商业利益或政治影响,保持独立性和专业性。

总之,在信息时代,客观中立的报道对于引导正确舆论、维护社会和谐以及新闻媒体的自律和责任感都至关重要。媒体机构和记者要认识到客观性的重要性,不断加强自身的专业能力和职业道德素养,坚持客观中立的报道原则,以更好地履行媒体的社会使命。

（二）时效性

新闻传播的时效性是指新闻内容在传递和传播过程中所具有的时间敏感性和快速性。在当今快节奏的信息时代，新闻传播的时效性变得尤为重要，因为新闻的及时性直接影响着新闻的价值和影响力。新闻传播的时效性体现在以下方面：

第一，新闻传播的时效性体现在新闻内容的即时性。随着互联网和社交媒体的普及，新闻可以迅速传递给全球各地的受众。从记者采集新闻、编辑整理到发布，整个流程可以在短短几分钟内完成。这种即时性使得公众可以第一时间了解到重要事件和时事动态，对事件做出反应和决策。

第二，新闻传播的时效性还表现在新闻竞争的激烈程度。现代媒体行业充斥着大量的新闻机构和媒体平台，它们都希望在第一时间报道独家新闻，以吸引更多的读者和观众。因此，媒体机构不仅需要尽快将新闻发布出去，还需要保证新闻的准确性和可信度，以避免因为追求速度而引发的错误信息传播。

第三，新闻传播的时效性与社会事件和突发事件的关系密切。对于重大突发事件，新闻的及时传播对于公众的安全和利益至关重要。政府和组织也需要及时发布信息来指导公众应对危机和灾难。在这种情况下，新闻媒体的时效性更加凸显，可以帮助公众及早了解事态发展和应对措施。

第四，新闻传播的时效性对于舆论引导和社会影响力的形成也起到了重要作用。在热点事件中，快速传播的新闻往往更容易引起公众的热议，进而影响公众的观点和态度。政治家、企业家等公众人物也需要利用媒体的时效性来传递自己的声音和观点，塑造自己的形象和形成舆论支持。

（三）公正性

公正性意味着平等对待不同的观点和声音，给予各方公平的表达机会。新闻传播的公正性是保持媒体行业核心价值的重要方面。作为一种信息传递的方式，新闻媒体在社会中发挥着不可替代的作用，其影响力深远。然而，随着时代的演进和技术的进步，新闻传播的公正性也面临着挑战。

第一，新闻传播的公正性意味着媒体应该坚持客观、中立、真实和全面的报道。这就要求记者不受政治、经济、社会利益的影响，客观地反映事件和事实。然而，由于商业化和政治化的压力，部分媒体可能会放弃客观中立的原则，导致信息的失真和偏见。

第二，新闻传播的公正性还涉及对多样性的尊重。在一个多元化的社会中，不同的群体和意见应该得到平等的关注和报道。然而，一些新闻机构可能偏向于报道特定的事件和观点，忽视其他群体的需求和权益，导致信息的不全面和报道的片面性。

第三，网络传播的兴起也对新闻传播的公正性提出了挑战。社交媒体和互联网平台的广泛应用使得信息的传播更加迅速和广泛，然而，这也容易造成虚假信息和谣言的传播。部分媒体和个人可能会利用这一机会散布不实信息，破坏了新闻传播的公正性。

为了维护新闻传播的公正性，有三个重要的措施可以采取：①政府应该建立健全的法律法规，监管媒体行业的运作，确保媒体自由和独立；②新闻从业人员应该严格遵守职业道德，坚持客观公正的原则，增强公众对媒体的信任；③此外，公众也应该增强对媒体的理性认知，学会辨别信息的真伪，避免被虚假信息误导。

总之，新闻传播的公正性是一个复杂的问题，需要政府、媒体从业人员和公众共同努力。只有在公正的新闻环境下，社会才能获得准确、全面、客观的信息，从而做出明智的决策，推动社会进步与发展。

（四）双向性与多样性

1. 双向性

新闻传播的双向性是指信息在媒体传播过程中不仅仅是从媒体到受众的单向传递，而是允许受众参与和回应的相互作用。这种双向性对于现代媒体与受众的互动关系至关重要，它突破了传统单向传播的局限性，增强了媒体的社会功能和民主性，推动着媒体与受众之间建立更加紧密的联系。

（1）新闻传播的双向性带来更加广泛的信息传播。随着社交媒体互动平台的兴起，受众不仅可以接受信息，还可以主动生产内容并与其他用户进行交流。这种双向交流极大地拓展了信息传播的渠道和范围，使得信息可以更快速地传播，也能涵盖更广泛的主题和观点。

（2）新闻传播的双向性促进媒体与受众之间的相互理解。通过互动平台，受众可以直接向媒体表达自己的意见、建议和批评。媒体从业人员也能更加了解受众的需求和关注点，从而更好地调整报道内容和形式，提供更符合受众期待的信息。这种相互理解有助于两者建立更加信赖的关系，加强媒体的公信力和影响力。

（3）新闻传播的双向性有助于推动民主和社会参与。通过互动平台，公众可以更加积极地参与公共事务的讨论和决策。他们可以就社会问题、政策制定等发表意见，提出建议，形成集体共识，推动社会的进步和发展。这种民众参与的机制有助于建立更加开放和民主的社会，实现权力的制衡和民意的表达。

总之,新闻传播的双向性是当今媒体发展的重要趋势。它为媒体与受众之间的互动提供了更多机会,推动了信息传播的广度和深度。然而,要保持双向交流的积极效果,媒体需要坚持客观公正的原则,受众也需要增强媒体素养,共同维护信息传播的公正性和真实性。只有这样,新闻传播的双向性才能真正发挥其促进社会进步与发展的作用。

2. 多样性

新闻传播的多样性指的是在信息传递和报道过程中涉及多种主题、观点、文化、背景和形式的丰富性。它是保持媒体生命力和公信力的重要方面,也是维护社会多元性和包容性的基石。在新闻传播的多样性中,不同主题的报道、不同观点的表达以及各种文化元素的融合都能得到充分体现。

(1)新闻传播的多样性表现在涉及的主题广泛而多样。媒体报道不仅关注政治、经济、社会等领域的热点问题,也涉及科技、文化、娱乐、环境等各个领域中值得关注的话题。通过多种多样的主题报道,媒体能够满足不同受众的兴趣和需求,扩展信息的覆盖范围,增强受众的信息获取能力。

(2)新闻传播的多样性还表现在不同观点的呈现。在一个民主社会中,人们有不同的意见和立场,媒体应该给予不同观点平等的机会,充分表达不同的声音。通过呈现多元的观点,媒体能够帮助受众了解更全面的事实,培养思辨能力,促进理性对话和民主决策。

(3)新闻传播的多样性还体现在不同文化的交流与融合。在全球化的背景下,不同文化之间的交流与融合变得尤为重要。媒体作为信息传播的重要平台,应该促进各种文化元素的交流和理解。通过报道不同文化的活动、习俗、传统等,媒体能够帮助受众增进对其他文化的认知和尊重,促进文化多样性的维护和传承。

总之,新闻传播的多样性是媒体行业不可或缺的重要特征。通过涉及多种主题、观点和文化元素,媒体能够满足受众的需求,增强公众的信息获取能力,推动民主和文化的交流与融合。然而,要保持多样性的优势,媒体需要正视和克服挑战,坚持客观公正的原则,提高新闻报道的质量,促进信息的开放和共享,为社会构建更加包容和多元的传播环境。

(五)影响力与引导性

新闻传播具有较强的影响力和引导性。新闻报道所呈现的信息会影响受众的观念、态度和行为。媒体在报道中选择哪些内容、如何报道,都会对受众产生影响。因此,媒体应该对自己的影响力负责,确保传播的信息对社会有正面的推动作用,不传播虚假、有害的信息。

新闻传播作为一种信息传递和社会沟通的方式，具有巨大的影响力和引导性。它在塑造公众意识、引导社会舆论、推动社会进步等方面发挥着重要作用。然而，这种影响力和引导性也带来了责任和挑战，需要媒体从业人员和公众共同关注和应对。

第一，新闻传播的影响力表现在其能够塑造公众意识和价值观。媒体报道的内容和角度可以影响受众对事物的看法和认知。例如，如果媒体选择报道某个事件的积极面，强调其正面影响，可能会让受众对该事件抱有积极态度。因此，媒体在选择报道内容时应该坚持客观公正原则，避免片面性和偏见。

第二，新闻传播在引导社会舆论和公共议程方面发挥着重要作用。媒体报道的热点事件和关注焦点会引起公众的关注和讨论，从而影响政策制定和社会发展。媒体可以通过深度报道和独立评论引导公众对社会问题的思考，推动社会问题的解决。然而，媒体在引导社会舆论时应该谨慎，确保信息的准确性和客观性，避免制造谣言和误导公众。

第三，新闻传播的影响力还表现在其能够影响个体行为和消费习惯。广告和营销是新闻媒体重要的商业模式之一，通过广告传播，媒体可以影响受众的购买决策和消费行为。因此，媒体在广告和营销中应该遵循道德标准，保障消费者的权益，不得误导和欺骗消费者。

总之，新闻传播的影响力和引导性是媒体的重要特征，它在塑造公众意识、引导社会舆论和推动社会进步方面发挥着重要作用。然而，要发挥这种影响力和引导性的积极作用，媒体需要坚持客观公正的原则，提高信息的质量和可信度。受众也需要增强媒体素养，理性对待信息，从而形成理性、客观和多元的信息传播环境。只有这样，新闻传播才能更好地服务于公众，促进社会的进步与发展。

第三节　新闻传播的要素与功能

一、新闻传播的要素

（一）新闻传播的传者

新闻传者不仅在整个新闻传播活动中处于主体的地位，而且在全部的新闻传播流程中起着主导作用。他们在社会结构中有着极为特殊的身份和角色。

1. 传者的定位

新闻传者的基本角色是新闻信息的传者和公众领域中的意识交流家,从其诞生之日起就以各种信息收集人和传播人的形象活跃于社会生活的各个领域,成为社会各个群体之间相互联系的纽带。具体而言,新闻传者的基本角色特征体现在如下三方面:

(1) 新闻传者是信息流通的主动力。作为整个传播行为和活动中的主动者,专业的新闻传者是使社会信息的流动永不停息的主要推动力。新闻传者充当了信息流通传播的专业角色,使得全社会的信息及时流通和传播。新闻传者的信息流通主动力作用发挥得越好,社会的政治、经济和文化的发展就越繁荣昌盛。

(2) 新闻传者是社会信息传播的主体、"选择者"和"把关人"。新闻传者不仅是新闻信息的传递者,更是新闻信息流量和流向的控制者与引导者。他们在新闻传播的各个环节担当着"选择者"和"把关人"的角色。所谓把关,是指传者不可避免地要对信息进行筛选和过滤,而这种筛选和过滤的行为就叫把关(守门)。因此,新闻传者的信息选择和把关人角色关系重大。

(3) 新闻传者是意识交流的桥梁。新闻传者作为社会信息的传递者,从社会结构的纵向来看,可联系上与下;而从横向上来看,则可沟通左与右。在功能健全的条件下,新闻传者就成了社会上下意识沟通和交流的纽带。尤其是在这样的一种关系中,新闻传者还具有监督权力的镜鉴职能和角色。因为,新闻传者通过大量的社会决策与社会现实的公开报道,使政府官员和公务人员的行政行为与个人品质处于较高的透明度中,以便全社会对其实施评议和监督。新闻传播就需及时提供交流的机会和渠道,使得社会上不同的见解得到沟通,尤其还要进行一定的舆论引导,使得某些公众意见尽可能地达到一致。

总之,新闻传者的基本角色定位就是新闻信息的传者和公众领域中的意识交流家;而新闻传者的社会行为与社会各个领域有着各种各样的联系,因而其基本角色也向着派生角色延伸。

2. 传者的素质要求

(1) 超常的新闻敏感。超常的新闻敏感是指新闻传者在现实生活中能够迅速而敏捷地捕捉和判别各种事物变动的信息,并及时衡量信息中所含有新闻价值大小的能力。新闻敏感是新闻传者总体业务水平的集中、综合表现。对于新闻传播活动来说,新闻传者最需要具备的素质就是新闻敏感。因为新闻永远面对的是事实,是绝对真实的事实。传者能够及时抓住新闻事实的"新"的特征,当然就需要"敏感",所以新闻敏感在新闻传播中就同艺术灵感在艺术创造中一样,是必不可少的,也是最重要的传者的主体品格。

（2）较强的沟通能力。新闻传者要快速、广泛地发现并采集新闻，当然就必须同社会各个阶层及其成员打交道，只有建立广泛的社会关系，与社会生活的各个方面随时保持密切和畅通的连接，才能及时抓住社会运行发展的新动向，发现新事物。作为一个优秀的新闻人，其最良好的素质就是可以和广大人民群众打成一片。可以和任何人沟通，从任何人的身上得到有用的信息。

（3）出色的表达能力。新闻传者活动方式的最后落脚点就是新闻作品的制作与报道。随着传播技术的不断进步，现代社会的新闻传者必须及时适应新的传播技术和手段，除了必须具备的文字表达能力以外，目前普遍应用的录音、摄像、照相、网络等技术与技巧，都要熟练地掌握。写作技巧和图像表达能力都是新闻传者向社会传播新闻事实和信息的基本手段，是沟通传者与受者的桥梁。因而新闻的编码表达能力是决定新闻传者素质高低的一个最基本的方面。

（4）专业的信息筛选能力。新闻传者应对信息具备新闻专业的筛选能力和判断力，这是因为：①专业的新闻传者凭借其本身的眼光和素养，在纷繁复杂的海量信息中可以提取具有价值的信息，让受者可以在最短时间内获取有价值的信息，从而实现新闻行业本身的经济价值；②面对新媒体时代的来临，新闻传者的范围逐渐扩大，不再局限于专业新闻从业人员，一些新闻接受者通过新媒体平台也在扮演着新闻传者的角色，但是新闻专业素养的缺乏容易造成其传播的信息表现出浅表化、碎片化和情绪化的特征，容易构成虚假新闻。因此，新闻传者有责任、有义务对新闻信息进行甄别和筛选，保证新闻信息的真实性和客观性。

3. 传者的角色权利

传者的角色权利专指新闻传者完成本职工作所必须具备的职业权利。

（1）知情权。知情权，又称"知晓权""了解权"，是所有公民（特别是新闻从业者）的基本权利。在民主社会，公民有权依法知晓政府及其公务员的行政行为及一切与其利益或兴趣相关的社会性活动的信息，而公民的知情权在很大程度上有赖于新闻传者的公开报道才得以实现，因而新闻传者也就具有了该职业所特有的来访权和报道权。这就是指新闻传者的职业行为——收集、核实信息以及传递信息的活动不受阻碍。

（2）监督批评权。公民享有对政府及其工作人员进行监督与批评的权利。新闻传者的监督批评权则专指传者以事实为依据，以法律法规和社会道德规范为准绳，利用新闻传播媒介对政府、公务员及社会其他行业和人士的行政业绩、个人品行和违法失职行为进行公开报道，以实施监督与批评的权利。实际上，这是新闻消息权、公开传播权、控告权和言论出版权在国家政治活动、经济文化活动和整个社会生活领域的具体运用。独立、负责地开展舆论监督与新闻批评，是新闻传者的重要权利之一。

（3）秘匿权。秘匿权主要是指"取材秘密""消息来源秘密""保守职业秘密"等权利，其具体内涵就是新闻传者为了对有些信息来源的权益甚至是人身或名誉进行保护，而不向外界透露消息提供者身份和姓名的权利。国家法律保护这项权利，以保证信息渠道的畅通，保护消息提供者不受报复和打击，更不能让其受到人身和名誉的伤害。在民主社会，新闻传者享有必要的秘匿权。但是，在一定的条件下，为保证司法正常进行，司法机关在取证程序中，新闻传者也不得以秘匿权为由拒绝提供有关证据。

（4）人身安全权。由于新闻传者常常活跃在社会势力尖锐较量的领域，人身安全常常受到比一般人更多和更大的威胁，所以必须对新闻传者提供特殊的人身安全保护权。为此，国际交流问题研究委员会倡议为新闻传者提供特殊保护。

（二）新闻传播的受者

新闻传播的受者是指接收并阅读、观看、听取新闻信息的人群或个体，是新闻传播的终端目标，通过不同的渠道和媒介，从新闻传播的传者（如记者、编辑、媒体机构等）那里获取信息。这些受者可以是广泛的公众群体，也可以是特定的目标受众，取决于新闻内容的性质和传播的目的。

1. 受者的特征

（1）多样性。新闻传播的受者群体涵盖了不同的年龄、性别、种族、文化背景和社会地位。因此，不同受者对新闻内容的兴趣、需求和观点可能存在差异。

（2）兴趣和偏好。不同受者对不同类型的新闻内容有着自己的兴趣和偏好。有些人喜欢关注政治经济类新闻，而另一些人可能更关心娱乐、体育或科技等领域的新闻。

（3）阅读水平和媒体接触。受者的阅读水平和媒体接触渠道也会影响他们获取新闻的方式。有些人可能通过报纸、电视新闻或广播来获取信息，而另一些人可能更倾向于使用互联网和社交媒体。

（4）追求时效性。新闻传播的受者通常对及时的新闻内容更感兴趣，特别是在紧急情况下，他们希望第一时间了解事件最新的发展。

（5）批判性思维。好的受者通常具备批判性思维能力，能够对新闻内容进行客观评估，并辨别虚假信息和偏见。

（6）反馈和互动。新闻传播的受者通常会通过评论、分享、转发等方式参与到新闻传播的过程中，与传播者和其他受者互动。

（7）社会参与和公民意识。一些受者对社会问题和公共事务有着浓厚的兴趣，他们希望通过新闻了解社会动态，以便做出更好的公民决策和参与社会事务。

（8）情感反应。新闻内容往往会引发受者的情感反应，包括愤怒、悲伤、兴奋等。这些情感反应可能会影响他们对新闻事件的态度和行为。

（9）多样化的接收方式。随着技术的发展，受者可以通过多种媒介和平台获取新闻内容，包括手机应用程序、社交媒体、在线新闻网站、电视、广播等，因此他们更有选择的权利。

综合以上特征，新闻传播的受者是一个多样化、有着不同需求和兴趣的群体，他们在信息获取和社会参与中扮演着重要的角色。了解受众特征对于传播者选择合适的传播策略和内容、形式至关重要。

2. 受者的责任

新闻传播的受者也承担着一定的责任，他们在接收和消化新闻内容时应该积极履行以下责任：

（1）批判性思维。受者应该具备批判性思维能力，对所接收的新闻内容进行理性分析和评估。他们应该学会辨别虚假信息和偏见，不盲目相信传播者的观点，而是根据事实和证据做出判断。

（2）验证信息。在信息时代，虚假信息和谣言可能会大量传播。受者应该自觉地验证所接收到的信息的真实性和可信度，不随意转发或传播未经证实的消息，以免误导他人。

（3）多样化信息来源。受者应该寻求来自多个不同的信息来源的报道，以获取全面和客观的信息。过于依赖单一来源容易造成信息的片面性和偏见。

（4）尊重多样观点。新闻传播的受者应该尊重不同的观点和意见，保持开放的心态，不因个人喜好或偏见而拒绝接触其他观点。这有助于形成更全面的认知和理解。

（5）公民参与。新闻传播的受者应该积极参与社会事务，关心公共利益，对社会问题保持关注，并通过投票、参与公民活动等方式行使公民权利和义务。

（6）尊重隐私权和版权。受者在转发和分享新闻内容时应尊重他人的隐私权和版权，不应随意传播侵犯他人权益的内容。

（7）负责任地传播。受者在转发和分享新闻内容时应该谨慎，确保所传播的信息是准确、可信的，避免散播虚假信息和谣言。

（8）衡量影响。新闻传播的受者应该认识到自己在信息传播中的影响力，特别是在社交媒体等平台上。他们的行为和言论可能会影响其他受者，因此应当负责任地传播信息。

总之，新闻传播的受者有责任成为理性、负责任和有意识的信息消费者。通过履行这些责任，受者能够更好地应对信息时代的挑战，获取准确和有价值的信息，并为社会发展和进步做出积极贡献。

（三）新闻传播的内容

新闻传播是一门广泛的学科，涵盖着许多重要的内容，其中包括来源、编辑和报道三个关键要素。这些要素共同构成了新闻传播的基本框架，影响着人们获取信息和了解世界的方式。

第一，新闻的来源是新闻传播的基石之一。新闻可以来自各种不同的渠道，包括记者采访、官方声明、社交媒体、学术研究等。记者通过采访事件的当事人、专家和相关人士，收集现场资讯和真实观点。官方声明是政府部门、企业或组织发布的正式信息，对事件的解释和陈述往往具有权威性。社交媒体成为越来越重要的新闻来源，人们通过微信、微博等平台分享实时信息，这对新闻传播产生了深远的影响。

第二，编辑是新闻传播的重要环节。编辑负责筛选、组织和加工新闻内容，确保信息的准确性和客观性。编辑在新闻报道中发挥着关键作用，他们需要审查新闻稿件，判断其中的真实性和公正性，并决定是否予以发布。编辑的选择和处理方式将直接影响新闻的质量和内容，因此编辑的角色至关重要。

第三，报道是新闻传播的最终形式。通过不同的媒体，包括报纸、电视、广播、网络等，新闻传播将信息传递给广大观众。报道的方式多种多样，可以是文字、图片、音频或视频等。每一种形式都有其独特的优势，适用于不同的受众群体。报道的内容应当客观、真实，传递最新的信息，帮助公众了解世界，做出理性的判断。

值得注意的是，新闻传播不仅是信息传递的过程，它还受到许多因素的影响，比如政治、经济、文化等。新闻传播的自由与公正，以及媒体的独立性，都是关乎社会稳定和民主进程的重要议题。

在信息时代，新闻传播的意义更加凸显。快速发展的技术为新闻的生产和传播提供了更多可能性，但也带来了新的挑战。虚假信息、信息泛滥和信息过载等问题不断出现，这要求新闻从业者更加审慎和负责任地从事工作。同时，公众也需要提高媒体素养，辨别真伪，客观理性地接受信息。

总之，新闻传播是一门复杂而多元的学科，它围绕来源、编辑和报道三个要素展开。在信息时代，新闻传播的意义和挑战都在不断演变，只有保持专业性和公信力，才能更好地履行媒体的社会责任，为公众提供准确、可靠的信息，推动社会进步与发展。

（四）新闻传播的环境

新闻传播的环境是指新闻信息在传递和传播过程中所处的各种条件和背景。这个环境是多元且不断演变的，它涵盖了政治、经济、技术、社会文化等各个方面。新闻传播环境的变化对于新闻产业和公众接收信息都产生着深远的影响。

第一，政治因素是新闻传播环境中不可忽视的重要方面。政府政策和法规直接影响着新闻机构的运营和新闻报道的内容。在一些国家，政府对媒体实行严格的审查制度，导致新闻报道受到限制，媒体的独立性受到挑战。而在另一些国家，政府鼓励媒体自由，促进信息的多样性和传播的广泛性。政治环境对新闻产业的发展和新闻传播的多样性发挥着重要的塑造作用。

第二，经济因素也对新闻传播环境产生着巨大影响。媒体是一项需要资金支持的产业，广告是主要的收入来源之一。随着互联网的发展，传统媒体面临着来自数字媒体的竞争，广告主的转移也导致传统媒体面临经济压力。此外，新闻机构的所有权结构也影响着新闻报道的中立性和客观性。一些大型企业或政治家拥有媒体，可能导致报道的偏颇和失去公信力。因此，经济因素对于新闻媒体的运营和报道质量具有重要影响。

第三，技术的进步对新闻传播环境产生了革命性的影响。互联网和社交媒体的兴起改变了新闻的传播方式和速度。信息可以迅速传递到世界各地，但同时也容易引发谣言和不实信息的传播。人工智能的应用在新闻媒体中也日益增加，例如机器人新闻作者和推荐算法。这些技术的应用给新闻产业带来了新的机遇和挑战，同时也引发了关于信息真实性和隐私保护的讨论。

第四，社会文化因素也对新闻传播环境产生着深远的影响。不同文化背景和价值观导致公众对新闻报道的理解和评价存在差异。一些社会问题的敏感性也影响着新闻报道的呈现方式。同时，公众对于媒体的信任和认可也构成了新闻传播环境的重要组成部分。公众对于新闻媒体的信任度直接关系到新闻的传播效果和社会影响。

总之，新闻传播的环境是一个复杂而多元的系统，涉及政治、经济、技术和社会文化等多个方面。这些环境的不断演变和交织相互影响，塑造了新闻产业的格局和新闻信息的传播方式。新闻机构和相关从业人员需要深刻理解这些环境因素，以适应不断变化的新闻传播环境，更好地为公众提供准确、客观和有价值的信息。同时，公众也应增强媒体素养，理性对待新闻信息，以形成全面、多元和客观的信息认知。这样才能促进新闻传播环境的进步与发展，实现更好的信息传播和社会共同进步的目标。

（五）新闻传播的舆论

舆论，作为新闻传播的重要组成部分，是联结媒体、政府和公众的桥梁，对社会和国家的发展产生着深远的影响。舆论的形成与传播是一个复杂而多元的过程，既受媒体的引导，又受公众的反馈，同时也受到政府政策的影响。在信息技术高度发达的当今社会，舆论的传播速度和影响力越发显著，因此，了解并正确引导舆论，成为新闻传播工作者和决策者的重要使命。

第一，新闻媒体在舆论形成中扮演着不可或缺的角色。媒体作为信息的传播者，对于社会事件的报道和解释，直接影响着公众对事实的认知和态度的形成。然而，媒体的主观性和倾向性也容易导致舆论的偏颇和不客观。因此，新闻从业者应秉持公正、客观、全面的原则，提供准确的信息，以便公众能够做出理性的判断和决策。

第二，舆论的传播离不开公众的参与。在信息时代，社交媒体等新兴平台的兴起，使得公众不再是被动接收信息的对象，而是能够积极参与舆论的塑造和传播。社交媒体的强大传播效力，让一个小小的观点在瞬间传遍全球，形成声势浩大的舆论风暴。这也使得传播虚假信息和谣言的风险增加，给社会稳定和公共秩序带来挑战。

第三，政府在舆论引导方面也具有重要作用。政府的政策和言论对舆论的引导有着直接影响力。透明、公正、民主的政策制定和实施，有助于赢得公众的信任和支持，从而形成积极健康的舆论氛围。然而，政府也应当尊重公众的知情权和表达权，鼓励多种声音的存在，避免一切形式的信息封锁和压制，以确保舆论的多元性和包容性。

第四，正确引导舆论，新闻从业者、公众和政府之间需要保持沟通和互动。新闻媒体应该更加注重传播真实可信的信息，避免夸大和歪曲事实，还要加强自律，避免为了吸引眼球而制造虚假新闻。公众在接收信息时要保持理性和客观，不要轻易被情绪和个人偏见所左右。政府则应当积极倾听民意，回应公众的关切和诉求，及时修正政策错误，增强透明度和公信力。

第五，培养公众的媒体素养也是引导舆论的重要途径。媒体素养使公众能够辨别信息的真伪，提高信息获取和评估的能力，形成全面客观的认知。学校和媒体机构应该加强媒体素养教育，提高公众对信息的敏感度和理解能力，让舆论在智慧的引导下朝着正确的方向发展。

第六，国际交流与合作也是引导舆论的重要因素。在全球化时代，不同国家和地区的舆论相互交织，相互影响。国际媒体的报道和国际组织的合作，有助于减少信息隔阂和误解，促进不同文化背景下的理解与包容。

总之，新闻传播的舆论具有重要的社会意义和影响力。正确引导舆论，需要媒体、公众和政府共同努力，加强互动和合作，形成理性、客观、多元的舆论氛围，推动社会进步和发展。只有在秉持真实、公正、透明的原则下，舆论才能成为社会进步的引擎，而不是分裂和冲突的根源。让我们共同努力，建设一个更加开放、包容与和谐的社会。

二、新闻传播的功能

（一）新闻传播的直接功能

新闻传播的直接功能是人们在社会中可以直接感知到的作用力，影响着人们对环境的认知。新闻传播的直接功能是指新闻传播产生的积极影响，这种影响是直接、明显的，人的感官可以很快观察到。新闻传播的直接功能，归结起来有以下三种。

1. 提供信息，沟通情况

传送和接收信息是传播的基本功能，这是其他功能与作用的基础。新闻传播媒介的所有其他功能都是在信息功能的基础上产生的。人们之所以需要新闻传媒业，最主要的就是为了从中获取各种与自己利益相关的信息。新闻传媒业发挥沟通信息的作用，不但通过刊登大量的新闻，而且还通过评论和广告予以实现。人们获得的信息越是丰富和优质，就越能够判断正确、预见准确，活动的选择余地就越大。

新闻传播媒介通过提供大量的信息，做到上情下达、下情上达，使党和政府的思想观点、方针政策及时为群众所了解。同时，政府和各职能部门知晓群众的愿望、意见、批评和建议，新闻传媒真正成为信息沟通的"纽带"和"桥梁"。

在现实社会中，新闻传媒还扮演着"瞭望者"的角色，引导人们齐心协力地适应环境，共同克服环境中的不利因素。这一作用由以下环节构成：一是提供环境信息，使人们正确认识环境；二是使社会各部分通过适应环境而建立相互联系，协调行动，促进社会整合；三是通过不断积累最新信息，形成人类的生存经验，建立社会行为规范。

总之，提供信息、沟通情况是新闻传播媒介主要，也是最基本的社会功能。新闻传播媒介每日传递着大量的信息，能使个人认知环境变动；能够为组织机构的决策提供参考和依据；能使社会沟通情况，交流意见，实现政治民主化、决策科学化、社会运行良性化。当然，这些功能的实现需要一定的物质和制度环境的保障。

2. 监测环境，引导舆论

新闻传播媒介监测环境与引导舆论的功能是密不可分的。新闻传播媒介通过及时、快速地对外界环境的变动情况进行了解，报道自然环境、社会环境、政治环境、经济环境等方面的最新状况，在把握客观事实的基础上，实现舆论监督的功能。

（1）监测环境。新闻传播及时地把外界的变化告诉人们，给人们提供生存的经验和教训，提供一种行为方式，从而促使人类社会保证本身的生存和发展。媒介通过源源不断的传递方方面面的信息来反映社会各方面的变动，延伸了人的视觉和听觉。新闻传播媒介对社会起一种"瞭望哨"的作用，成为人类活动的"守望者"。新闻报道的内容涉及自然环境、社会环境、政治环境、经济环境和国家环境等各个方面，对这些方面的情况做出及时、全面的反应，对监测人类的生产环境有特殊的警示意义。

（2）舆论监督。对于新闻传播来讲，舆论监督就是新闻媒体针对社会上某些组织或个人的违法、违纪、违背民意的不良现象及行为，通过报道进行曝光、揭露、批评、抨击，抑恶扬善。舆论监督具有公开性、传播快速、影响广泛、揭露深刻、导向明显、处置及时等特性和优势，这使得它虽没有强制力，却在一个国家的政治、经济和社会生活中极具影响力。但是，舆论监督的威力并不是来自新闻本身，而是来自新闻背后所代表的民意。新闻传媒是实现舆论监督不可缺少的公共平台。

第一，新闻传播媒介实施舆论监督的条件。新闻是舆论形成的基础和依据，新闻传播机构总是以最快的速度将最新发生的事件报道给社会，人们了解到事实的真相后，就会做出评判、发表意见。新闻舆论监督有赖于两个基本条件：①提供足够的舆论信息，即可以形成舆论的事实和情况，使人们对经济生活、政治生活及社会生活有充分的了解；②在拥有信息的情况下，对各种政治、经济和社会现象进行理性、坦率的评论。

公开是民主制度必备的程序，是现代民主的基本前提，也是新闻舆论监督能够发挥作用的前提条件。这一方面要求新闻媒体主动地去满足公众的知情权，推动政治权力运作的公开和透明；另一方面要求政府权力通过新闻媒体，使公众对与本身利益有关的事物有充分的认知。公众只有充分了解事物的情况，才能够形成对事物的看法，进而交流关于事物的观点，形成舆论，实施舆论监督。

第二，新闻传播媒介的舆论功能。新闻传媒媒介的舆论功能表现为正确反映舆论，让社会公众通过媒介接触舆论信息。就我国新闻传媒业来说，表达社会舆论，就是反映人民的声音，将民众的愿望、意见、建议，甚至批评等通过新闻传播媒介传递给社会、政党和政府。政府在把握社会民情动向的基础上，调整相关政策，改善和加强领导作用。由此可见，新闻传播媒介在发挥舆论监督功能方面，有其独特的地位和作用。

3. 整合社会，树立形象

（1）进行社会整合。大众传播的公开、广泛和迅速，使之可以产生强有力的宣传作用。新闻传播通过宣传，实现联络、沟通和协调社会关系的功能，实现社会各组成部分之间的协调和统一，从而有效地适应环境的变化。宣传要符合传播规律，讲究艺术，避免因不当传播引起受者的逆反心理，产生相反的作用。历史经验告诉我们，宣传的失误会产生严重的负面作用。

一般而言，新闻传播强大的宣传作用是通过反映、影响、引导社会舆论来实施的。新闻传媒业的宣传通过社会舆论获取力量，又通过宣传来形成新的社会舆论，从而影响人们的思想和行为，并在这个过程中，实现社会整合的目的。

（2）树立国家形象。各个国家的新闻传媒都具有对外传播、公众外交的功能。对外宣传能够树立国家与民族的形象，影响国际事件与国际合作，争取各国民众对国家形象和外交政策的认同。公众外交包括两个渠道：①各国民众和非政府组织进行的民间友好往来活动；②由新闻传播媒介面向他国公众进行的宣传活动，政府控制的国际广播始终发挥着公众外交的职能。

（二）新闻传播的深度功能

深度功能通过对人的社会化、政治、经济的深入影响改变着世界的状况，它是指媒体对社会的积极影响是久远、纵深的，能促进社会的深刻变革，人们在短时间内还无法把握。由于这种深度功能建立在直接功能的基础上，其影响在很大程度上是潜移默化的，它并非简单地反映于当前的事件和现象，而是在长期的传播过程中潜藏着一种渗透力和影响力。

第一，新闻传播的深度功能表现在塑造公众意识和价值观上。媒体所报道的新闻和信息对于大众来说具有引导作用。通过反复的传播和强化，人们逐渐形成对社会问题的认知和看法，塑造了一种共识和价值观。例如，保护环境、反对歧视、关爱弱势群体等价值观的形成与传媒的深度传播密不可分。

第二，新闻传播的深度功能还表现在推动社会变革和进步上。媒体作为信息的传播渠道，有助于揭示社会问题、曝光不良现象和不公平的制度。这些报道引发公众关注，并推动社会各界加强监督、反思现状、追求公正与公平，从而推动社会的深刻变革。

第三，新闻传播的深度功能还涉及知识普及和科技创新。媒体不仅可以传递重要的科学技术信息，推动科学研究和技术进步，还能普及各领域的知识，提高公众的科学素养。这种知识普及对于社会的长远发展具有重要意义。

新闻传播的深度功能还可以通过引发公众的反思和讨论，激发创新思维和解决问题的动力。在面对重大社会挑战和复杂问题时，媒体的深度报道和分析能够促使公众思考，推动社会智慧的集聚，为解决问题提供新的思路和方法。

总之，新闻传播的深度功能是新闻媒体对社会产生积极影响的长期和纵深的表现。通过塑造意识观念、推动社会变革、知识普及和激发创新思维，深度功能为社会的进步和发展做出了重要贡献。在新闻传播的过程中，传媒人员和公众应该共同努力，充分认识和发挥深度功能的重要性，以推动社会的可持续发展和进步。

（三）新闻传播的审美文化功能

新闻传播的审美文化功能指的是在新闻报道和传播过程中，媒体所体现的审美价值和文化内涵对于公众的艺术欣赏和文化体验产生积极影响。这种功能不仅仅是简单的美学体验，更是通过新闻报道中蕴含的美学元素，传递和弘扬社会的美好价值观和文化传统，推动社会审美意识的提升和文化传承。

1. 新闻审美价值追求

新闻报道应尽量采用审美的思维方式，这已经成为时代发展的一种必然。现代受者也试图在从各种传播媒体获得信息、知识的同时，获得精神上的美感与视觉享受。这就要求新闻制作者在思维方式上采取开放式的态度，即需要视像思维、对立思维、多向思维、情感思维等多种思维方式的综合运用。

（1）新闻报道的审美思维。审美思维是艺术创造和表现过程中的基本思维方式，是审美心理与行为操作的统一。它不仅能够直接满足审美需要而引起愉悦，还能提高自由地把握和创造形式的审美能力，进而引向现实人生，淡化或缓解现实功利人生中的困惑、矛盾，有助于社会有序、稳定的发展。因此，新闻报道也就需要以审美思维的方式去捕捉现实生活中的人物和事件，并以客观的形式加以报道。即使是新闻事件的现场报道，也包含着新闻工作者有意无意地对事件内容和表达形式的筛选、加工，这中间包含着记者、编辑们对现实生活审美感知、审美思维的过程。具体来讲，新闻主要有以下三种审美思维形式：

第一，视像思维。这是一种形象思维的活动，是运用表象进行智力操作的活动。它以具体可感乃至可视的形象来叙述事件，进而表现整体形象的某些意义。这里所说的视像思维，不同于一般、普通的形象思维，而是一种艺术活动的思维形式，即审美的视像思维。它不仅以其鲜明、生动的直接可感性与具体性为特征，而且是一种包含着创作者主观感情的意象思维过程。基于这样一种思维，新闻的制作应该具有事件的具象性、现场的真切性和传播的动态性。

第二，情感思维。新闻报道的视像思维并不止于展示客观事实，还在于通过感性形式、情感判断去认识和表现新闻事件的善恶内涵。所谓情感思维，是指贮存在记忆中的高级情感反作用于现实客观对象的思维形式或心理过程。当新闻工作者进行情感思维时，就是以记忆中的理性因素、道德因素和审美观念这些高级心理情感为尺度来衡量各种以直观形式感知的现象，进而完成做出取舍、组合的新闻报道。

第三，创造性思维。是指运用已有的知识经验，凭借人的情感力量，通过创造性的想象，有意识地将记忆表象重新加以提炼、加工的过程。它是从一般思维中升华出的一种富有价值性的思维形式。新闻传播的创造性思维突出地表现在对事实信息的感知、捕捉、提炼和制作传播之中。同一事物的不同报道以及对不同事件的不同发现和报道，都是传播者创造性思维的表现形态。

（2）新闻的形式美。新闻的形式美就是以新颖、吸引人的表现形式来传播真实而又新鲜的新闻事实。它能够以多种形式、手段多方面地反映和概括客观现实的美，使新闻的美表现为新闻报道的内容无所不包而又真实、形象、深刻，具有感染力、冲击力和征服力，这就是新闻的形式美。形式美可以通过新闻的画面美和声音美来具体体现。

（3）新闻的内容美。新闻的内容美是指反映在任何新闻作品中的一切社会生活现象所具有的审美价值。一般来说，新闻的内容美，一方面表现为真实美和意境美，而真实又是其中的统率和灵魂；另一个方面是新闻的哲理美。所谓哲理，是指包含在新闻作品中深沉、含蓄而不外露的哲学理念。新闻报道渗透了这种哲理性，其思想深度就能在无形之中得以加强，受者也会在接收过程中受到潜移默化的影响，由此激发受者对时代、社会和人生的追索与探求。

（4）美学思维与创新能力。媒体传播的审美文化功能还能够激发公众的美学思维和创新能力。通过接触丰富多样的审美文化元素，公众可以拓宽视野，激发创意灵感，提升审美品位和审美鉴赏能力。

2. 新闻的文化功能

新闻具有文化属性，新闻报道不仅仅是简单的信息传递，也是一种文化传承和发展。新闻传播的不仅是信息，更重要的是它所包含的精神和价值。文化的核心是价值体系，是在一定价值观念支配下人的行为模式、行为成果以及象征符号。一般而言，新闻传播媒介能够用主流价值观影响受者，凝聚民心。可以说，新闻传媒所承担的主要使命是一种文化作用，即培养受者对既成事实接受和确认的态度倾向。

新闻和媒介作为文化的形态，除了具有文化的物质层面、制度层面的特点外，还具有精神层面上的社会价值及文化意义，发挥着十分重要的文化实践功能。具体说来，新闻传播媒介主要在以下三个方面发挥着文化精神作用：

（1）新闻的舆论价值取向。新闻传播媒介不仅传播国内外各类新闻信息，还具有创造良好的舆论环境、引导受者选择正确的文化价值取向的作用。因为文化不仅是人化、社会化，也是人的意识化。而价值取向无疑是人的意识的重要组成部分。但文化的传播不能采取决然的灌输，只能潜移默化地在价值取向上不断引导。也只有确立了正确的价值导向，才能在电视文化传播中体现出极大的主动性和明确的目的性，有意识地按主导价值体系对社会成员的发展方向做出社会性规范。

（2）新闻塑造健全的人格。健全的人格是指认知结构（真）、伦理结构（善）、审美结构（美）三位一体的人格结构。新闻报道中的人和事、对与错、是与非、善与恶等，以信息的方式构成对受者层面的影响。道德的抑制不涉及行动的外在结果，而只涉及它们的内在结果，不涉及动作所附属的偶然的后果，而只涉及动作自然产生的后果。新闻传播在整个国民文化素质和文化品格方面，发挥着不可或缺的健全人格的功效，这甚至直接关系到一个国家的生命力、凝聚力和创造力。

（3）新闻增加媒介的文化含量。新闻文化作为主要传达新闻信息的媒介，其涉及的领域也是丰富多彩的，不能仅仅界定在新闻的舆论导向上，还必须对其深层文化意义加以考察。

（四）新闻传播的异化功能

互联网信息技术迅速发展，促使新闻传播方式有了较大的变化，基于框架理论，新闻传播要想更好地把握当下的社会经济发展情况，就需要更好地把握新闻传播的实践方式，以保证其实际需求。新闻传播框架理论在当今受到学者的广泛关注，该理论应用于新闻传播领域，在框架论的影响下，新闻传播表现出开放、多样化的发展特点。在框架理论的基础上，对新闻传播问题的研究从社会学、心理学框架论两个方面出发，分析新闻传播过程中出现的问题，并对新闻传播发展的模式进行分析、探究。

框架理论在新闻传播的发展过程中得到有效应用，该理论始于20世纪50年代末期，涉及心理和社会两个领域。新闻传播框架理论应用，要注意对受众的心理把握，并能将这个问题置于大的社会背景下，分析现实的新闻传播情况，找出在发展过程中存在的局限，从而更好地推动新闻传播行业的发展与进步。目前，对新闻传播框架理论的研究，多数仅限于理论分析，然而在理论和实践之间总是存在着一定的差距，这样就导致了框架理论的研究无法很好地指导实际活动。

注重以社会学、心理学为基础，从社会学、心理学等学科的角度，综合有关知识，对其有效性、局限性等进行分析和研究，以掌握新闻传播框架理论的内涵和实际作用。社会学框架理论的应用，更多的是把握观众的经验，即根据观众的要求，建立一个"完美的框架"，使观众对这一框架有所接受。

在"互联网+"时代，促进市场化经营的模式是必然存在的，传统媒体和互联网是必然存在的。信息传播通道不再局限于传统媒体，而且传统的媒体也不应停滞，必须与新兴的媒体相结合，共同发展。因此，我国媒体业应大胆创新，迎接挑战。我国媒体工作人员应该致力于向国外媒体产业学习，借鉴成功的经验，注重开发和创新，制定有效的管理机制，围绕个性媒体服务进行工作，合理地配置媒体资源，促进传统的媒介和互联网相互补充，并相互推动。互联网技术的发展，增加了传统媒体传播的方式。因此，媒体应根据用户的不同类型、需求，提供特色信息化服务。同时运用多样化的运营模式和客户支付方法增加利润。例如，我国许多电视台通过网络技术的应用，开始在手机和 PC 多屏交互行业中发展，芒果 TV 正是凭借着独特的多屏视频资源成为其中的代表。其他众多电视台也立足于其自身所具备的个性化视频资源，建立了多终端融合平台，包括网络电视、手机和视频网站等，利用途径与运营、市场相结合，大大拓宽了传媒发展渠道。

综上所述，当今社会进入了"互联网+"时代，新闻传播的发展应该根据传统媒体和新媒体的优点，选择适应自身发展的方式，创造符合互联网发展需要的媒体时代。同时，传统媒体也只有跟上时代的步伐，不断更新传播观念，优化信息的传播和内容，增加媒体的传播通道，促进与互联网结合和合作，才能实现更大突破和进展。

（五）新闻传播的娱乐休闲功能

新闻传播作为一种重要的社会信息传递方式，除了承担着传递时事和报道事件的责任，还具有丰富的娱乐休闲功能。在现代社会，人们对于信息获取的需求不再局限于严肃的政治、经济或科技新闻，而更加渴望通过娱乐化的方式获得轻松愉快的体验。新闻传播的娱乐休闲功能应运而生，它通过多样化的内容和形式满足了广大受众的多样化需求。

第一，新闻传播的娱乐休闲功能在信息呈现上注重趣味性和多样性。传统的新闻报道通常呈现严肃而正式的内容，而为了满足娱乐休闲功能的要求，新闻媒体也会选择以轻松幽默的语言、图片和视频来展现新闻。这样的呈现方式不仅吸引了那些本就对新闻兴趣浓厚的受众，也吸引了更广泛的人群，使新闻不再局限于特定的群体，而成为大众日常生活中不可或缺的一部分。

第二，新闻传播的娱乐休闲功能为受众提供了丰富多彩的主题和内容。传统的新闻报道往往以政治、经济、军事等严肃话题为主，但在娱乐休闲功能的要求下，新闻主题更加广泛，涵盖了文化、体育、娱乐、健康等方方面面。人们可以在忙碌的工作和学习之余，通过阅读轻松有趣的新闻，放松心情，减轻压力。同时，这些多样化的主题也丰富了人们的生活，让人们能够拓宽视野，增长知识。

第三，新闻传播的娱乐休闲功能推动了新闻表达方式的创新。随着科技的不断进步，新闻传播逐渐从传统的纸质媒体向数字化媒体转变，包括互联网、社交媒体等平台的应用，使新闻呈现更加多样化。通过文字、图片、视频、动画等多种形式，新闻传播变得更加生动有趣，吸引了更多年轻受众的关注。这也使得新闻传播更具互动性，受众可以在评论区交流看法，参与话题讨论，增强了新闻的社交性。

第四，新闻传播的娱乐休闲功能有助于传递积极向上的价值观。娱乐新闻并不仅仅是简单的消遣，它也承载着社会责任。通过展示正能量的故事、传递温暖的信息，新闻媒体在娱乐大众的同时，也在传递积极向上的价值观，鼓励人们追求美好生活，共同建设和谐社会。

总之，新闻传播的娱乐休闲功能不仅满足了人们多样化的需求，丰富了人们的生活，还推动了新闻表达方式的创新。它既是信息传递的有效手段，又是社会凝聚力的重要来源。未来随着科技的不断发展，新闻传播的娱乐休闲功能将进一步拓展，为人们带来更加丰富多彩的新闻体验。

（六）新闻传播的教育启迪功能

新闻传播作为社会生活中不可或缺的重要组成部分，不仅是信息的传递和交流，更具有教育启迪功能。

第一，新闻传播的教育启迪功能体现在它的信息传递特点。新闻媒体通过报道国内外重大事件、科技进展、文化交流等内容，为公众提供广泛而多样的信息。这些信息能够拓宽人们的知识面，让他们了解到世界的多样性和复杂性。通过新闻，人们可以接触到不同领域的知识，从而培养广泛的兴趣爱好，促进个人全面发展。

第二，新闻传播在传递价值观方面发挥着重要作用。新闻媒体是价值观的传播者，通过对社会事件的深度解读和评论，新闻媒体对于道德、公正、正义等价值观的宣传和弘扬起到积极的推动作用。在这个过程中，新闻不仅教育公众形成正确的价值观，还有助于引导社会向更加积极向上的方向发展。

第三，新闻传播的教育启迪功能还表现在激发公众的思辨能力和批判思维上。通过对事件的报道和评论，新闻媒体会引导公众思考问题的不同角度和多样的解决方案。这种思辨能力的培养不仅有助于人们更全面地认识世界，还能让公众更加理性地对待复杂的社会问题。

第四，新闻传播的教育启迪功能还体现在促进社会共识和凝聚力上。在大规模的传播中，新闻媒体能够带动社会上的共识，引导民众形成共同的价值观和目标。这种共识和凝聚力是社会稳定和进步的基础，有助于形成社会的整体向心力。

总之，新闻传播的教育启迪功能对于个体和社会都具有重要意义。通过广泛传播信息和价值观，激发思辨能力和批判思维，促进社会共识和凝聚力，新闻媒体在塑造公众意识和价值观方面发挥着不可替代的作用。但同时也需要新闻从业者和公众共同努力，保证媒体的客观性和真实性，以确保新闻传播的教育启迪功能得以持续发挥和提升。

第四节　新闻传播的价值与发展方向

一、新闻传播的价值

（一）确保信息传递和知识共享

新闻传播的信息传递和知识共享价值在于为公众提供广泛、及时、准确的信息，帮助人们了解世界、认识自我，并促进社会的进步和发展。因此，媒体的责任是保持客观、公正和可信的报道，确保信息的准确性和可靠性，以提供真正有价值的知识和信息。主要体现在以下八个方面：

第一，时事信息传递。新闻传播是传递时事信息的主要途径。它及时报道各种事件、事故和政治动态，让公众了解发生在世界各地的重要事件。

第二，社会问题和趋势报道。新闻传播涵盖广泛的主题，如经济、教育、健康、科技、环境等，使人们了解社会问题和趋势，从而更好地应对挑战和改进现状。

第三，世界范围的视野。新闻媒体将全球范围的信息带到人们的眼前。它让人们了解其他国家和文化，促进跨国交流和理解。

第四，媒介多样性。新闻传播涵盖文字、图片、视频、音频等多种形式，使信息更加生动和多样化。这样的多样性有助于满足不同人群的需求和偏好。

第五，科学和教育知识共享。新闻媒体还传播科学和教育方面的知识，向公众普及科学发现、教育改革和学术进展，提高公众科学素养。

第六，社会文化传承。新闻传播有助于保护和传承文化遗产，传播传统知识和价值观念，促进文化多样性。

第七，扩宽知识面和视野。通过新闻媒体，人们可以接触到不同领域的信息，扩宽自己的知识面和视野，培养批判性思维和判断力。

第八，促进公民参与和民主决策。通过新闻传播，公众可以了解政策和政治动态，参与社会讨论和民主决策，履行公民的权利和责任。

（二）促进社会的发展和稳定

新闻传播对于社会的发展和稳定具有不可估量的价值。通过新闻媒体，人们可以及时了解国内外的政治、经济、文化等各方面信息，增强对社会形势的认知，从而更好地参与社会生活。

新闻传播在现代社会中扮演着不可忽视的重要角色，其价值不仅仅在于为公众提供信息，更在于促进社会的发展和稳定。新闻传播的功能在于它是信息传递和社会参与的桥梁，以下将探讨新闻传播如何在推动社会发展和稳定中发挥作用。

第一，新闻传播作为一种信息传递的媒介，将重要的新闻、事件和问题传递给公众。人们依赖新闻来了解国内外事务，包括政治、经济、社会、文化等方面的情况。及时了解这些信息使公众能够做出明智的决策，同时也促进了信息的公开透明。例如，在突发的自然灾害或紧急事件中，新闻传播的快速响应能够有效地提醒公众采取应对措施，保障公众的生命财产安全。

第二，新闻传播是促进社会进步的重要因素。通过报道社会问题、批评不良现象，新闻媒体能够引发社会的关注和反思。在新闻的监督下，政府和企业更加注重自身形象和行为的合法性和道德性。此外，新闻媒体还能传播先进的文化和价值观念，推动社会的道德进步，增强社会凝聚力和向心力。通过反映社会的进步和变革，新闻传播能够鼓舞公众的创新意识和积极性，推动社会朝着更加文明、先进和开放的方向发展。

第三，新闻传播有助于构建社会的稳定与和谐。信息的传递和交流可以降低误解和误读的可能性，减少社会矛盾和冲突的发生。透明的新闻传播让公众对社会的运行有更加清晰的认知，增加社会信任度，减少谣言和虚假信息的传播。同时，新闻传媒能够激发民众的责任感和参与感，让公众更加积极地参与社会事务，共同维护社会的稳定和谐。

第四，新闻传播在社会发展中扮演着公共监督的角色。作为"第四权力"，新闻媒体在监督政府、企业和其他权力机构方面具有不可替代的作用。通过报道不当行为，揭示权利滥用和不公正现象，新闻传播有效地提高了社会的透明度和公平性，维护了公众的合法权益。

总之，新闻传播的价值在于它是信息传递和社会参与的桥梁。它不仅为公众提供了重要信息，还推动了社会的发展和稳定。通过信息传递，新闻传播帮助公众做出明智决策，提高社会的透明度和公平性。通过监督作用，它能够引发社会的关注和反思，推动社会的进步。新闻传播在社会中发挥着不可或缺的作用，为构建和谐稳定的社会做出着积极的贡献。

(三) 推动文化多样性和文化交流

新闻传播在推动文化多样性和文化交流方面发挥着积极的作用。每个国家都有其独特的文化和价值观念，通过新闻传播，不同文化可以相互了解、尊重、包容，促进文化的多元共存。新闻媒体在报道国际新闻时，也能够促进不同国家和地区之间加深了解，减少误解和偏见，推动文化交流与合作，促进世界和平与发展。

第一，新闻传播为人们提供了了解世界各地文化的途径。通过不同媒体渠道传递的新闻报道，人们可以了解到其他国家和地区的风土人情、传统习俗、历史背景等。这样的信息交流有助于打破人们对陌生文化的误解和偏见，促进文化之间的理解与尊重。

第二，新闻传播可以推动文化多样性的传承和发展。每个国家和地区都有其独特的文化遗产和特色，这些文化的传承和发展需要得到更广泛的认知和理解。新闻媒体的报道能够将这些文化传统呈献给全球观众，让更多人了解并珍视这些文化瑰宝，从而推动这些文化的传承和保护。

第三，新闻传播促进了全球文化交流与融合。随着全球化的不断发展，各国之间的交往与合作日益紧密。新闻媒体成为文化交流的桥梁，其将不同文化之间的思想、艺术、音乐、电影等带入人们的生活，促进了文化的交流与融合。通过了解其他文化，人们更容易找到共鸣，增进友谊，共同面对全球性挑战。

在新闻传播的过程中，媒体在传递信息的同时也在扮演着传递价值观的角色。因此，媒体要积极引导公众认识到文化多样性的重要性，增强尊重和包容不同文化的意识。只有在尊重他人文化的基础上，文化交流才能真正实现互利共赢，推动世界文明的繁荣发展。

总而言之，新闻传播在推动文化多样性和文化交流方面发挥着不可替代的作用。通过传递信息、促进理解和尊重，新闻媒体有助于丰富人们的知识，推动各种文化的传承和发展，并促进不同文化之间的交流与融合。在全球化时代，我们应该共同努力，让新闻传播成为促进文化多样性的强大力量，为构建更加和谐、包容的世界做出贡献。

(四) 塑造意识形态，提升个人素质的重要力量

新闻传播在塑造意识形态方面具有深远的影响，媒体不仅是信息的传递者，同时也是意识形态的塑造者。新闻的选题、报道角度和言论倾向都会对公众产生影响，帮助形成一种社会共识和价值取向。因此，媒体应当有社会责任感，客观公正地报道事实，尊重多元观点，避免偏见和误导。通过塑造积极向上的意识形态，新闻传播有助于推动社会进步，促进社会和谐。

新闻传播对个人素质的提升有着重要的力量，通过接触多样化的新闻信息，个人能够拓展知识面，增长见识，培养批判性思维。新闻传播还能激发个人的社会责任感和公民意识，让人们认识到自己在社会中的角色和责任，从而积极参与公益事业，推动社会进步。此外，新闻传播也是个人获取信息和知识的重要途径，通过学习新闻，个人能够了解不同领域的知识，提高自身素质，提升竞争力。

总之，新闻传播通过传递信息，联结世界，塑造意识形态，提升个人素质。在这个信息爆炸的时代，新闻传播的重要性越发凸显。媒体应当秉持客观公正的原则，传播真实可靠的信息，引导公众形成正确的价值观，让新闻传播成为推动社会发展的强大力量。同时，个人也要善于选择适合自己的新闻信息，不断学习，不断成长，为社会的进步贡献自己的一份力量。

二、新闻传播的发展方向

（一）紧跟时代发展，满足发展需求

新闻传播必须紧跟时代的发展步伐，及时反映社会、科技、经济等各领域的进步和变化。传媒机构需要不断改进和更新业务模式，以满足人们对信息的不断增长和多样化的需求。

第一，新闻传播要及时反映社会的进步和变化。随着社会的不断发展，各行各业都在迅速创新和进步。传媒机构需要紧密关注社会变革的方向和动态，准确地传递社会的变化和进步。无论是科技的创新、医学的突破，还是社会风尚的变化，都需要通过新闻传播媒体及时传达给大众，使人们了解到社会的最新动态，增长知识，拓宽视野。

第二，新闻传播要及时报道科技领域的发展。科技是现代社会的重要推动力，不断涌现的科技成果不仅改变了我们的生活方式，还影响着整个社会的发展方向。传媒机构应该密切关注科技前沿的进展，对各类科技成果进行客观报道和深入解读，帮助公众更好地理解和应用科技成果，推动科技与社会的良性互动。

第三，新闻传播也应当反映经济领域的发展和变化。经济的快速发展影响着每个人的生活，也关乎整个国家的繁荣。传媒机构要积极报道经济领域的动态，及时揭示经济政策的调整和市场的机遇与挑战，为投资者提供准确、及时的信息，帮助他们做出明智的决策。同时，也要关注社会经济的公平与包容，关心弱势群体的就业和福利问题，促进经济发展与社会公平的有机结合。

随着互联网的普及和移动通信技术的飞速发展，信息传播的形式发生了翻天覆地的变

化。传统媒体需要积极拥抱新技术，开发多样化的新闻产品和服务，满足公众对信息的多样化需求。同时，也要加强社交媒体的运营和管理，提高内容的质量和可信度，防范虚假信息的传播，保障公众获取可靠、准确的信息。

总之，传媒机构应该以公正客观的态度，精准、及时地传递信息，为社会进步和人民幸福做出积极贡献。唯有如此，新闻传播才能真正发挥其应有的作用，成为联结政府、企业和公众的桥梁和纽带，促进社会和谐稳定，推动国家繁荣富强。

（二）发掘新闻意义，正确引导价值

媒体应该致力于深入挖掘新闻事件的背后意义和价值，远离低俗、虚假、娱乐化的内容。重视培养价值导向，强调对社会公益、伦理道德和科学知识的传播，推动新闻报道向更有意义的方向发展。

第一，新闻传播需要深度挖掘事件的背后意义。不仅是简单地报道事件的经过和结果，更要通过深入调查和分析，探究事件产生的原因和影响。这需要新闻媒体拥有优秀的记者队伍，具备扎实的新闻素养和深度思考的能力。只有将新闻报道提升到更高的层次，挖掘事件背后的深层次问题，才能让公众获得更全面、深刻的理解。

第二，新闻传播要以客观公正的态度呈现事实。客观公正是新闻传播的核心价值，只有坚持事实真相，避免主观偏见和人为干预，才能保持新闻传播的公信力。在报道时也要坚守新闻道德，摒弃以讹传讹、断章取义等不当行为，努力还原事件的本来面貌。同时，要保持独立性和独立思考，不受政治、经济等干扰，真实客观地报道新闻。

第三，新闻传播要正确引导价值观。这意味着在报道中注重传递积极、正面的价值观，引导公众树立正确的世界观、人生观、价值观。新闻媒体应该多报道正能量的事例和典型，传递积极向上的力量，鼓励社会积极进取，共创美好未来。同时，在报道时也要关注社会弱势群体的声音，维护公平正义，关注社会公益事业，激励公众参与社会公益活动，形成全社会共同努力的良好氛围。

总之，新闻传播要发掘新闻意义，深度挖掘事件背后的深层次问题，以客观公正的态度呈现事实，价值正确引导。只有如此，新闻媒体才能在信息爆炸的时代履行好自己的社会责任，为社会传递积极正能量，推动社会进步，促进人们正确的人生观和价值观形成。新闻传播的价值在于引导社会向着更加文明、进步的方向发展，让人们在丰富多彩的信息中找到前进的方向。

（三）依托信息技术，加强媒体融合

随着信息技术的飞速发展，媒体融合已成为新闻传播领域的重要趋势。传统媒体与新兴数字媒体相结合，通过信息技术的便捷手段，实现内容共享、资源整合、用户互动，这种媒体融合模式为新闻传播带来了全新的发展机遇。依托信息技术，加强媒体融合已成为新闻传播事业可持续发展的必然选择。

第一，媒体融合能够实现传统媒体与数字媒体的有机结合。传统媒体如报纸、电视、广播等在长期发展过程中积累了丰富的资源和经验，而数字媒体则具有即时性、交互性等独特优势。媒体融合能够将两者优势相结合，传统媒体可以通过数字媒体平台扩大传播范围，吸引更多年轻受众，而数字媒体也可以通过传统媒体的专业报道和深度分析提升内容质量与公信力。这种有机结合使得信息传播更加全面、立体，可以满足不同受众的需求。

第二，媒体融合促进了媒体资源的整合与优化。不同媒体间的资源通常是有限的，但通过媒体融合，可以实现内容共享和资源整合。例如，一组新闻事件可以通过文字、图片、视频等多种形式在不同媒体平台上展示，实现信息的多样化传播。此外，通过共享报道和资源，媒体可以避免重复报道，提高报道效率和质量。媒体融合还可以通过数据分析和挖掘，深入了解受众需求，精准定位受众，提供更加个性化的信息服务。

第三，媒体融合加强了用户与媒体的互动和参与。信息技术的发展使得用户不再只是被动接收信息的对象，而是可以主动参与和互动的主体。通过社交媒体、评论区等互动平台，用户可以与媒体进行实时互动，表达意见、提出问题、分享信息。媒体可以根据用户的反馈和需求进行调整和优化，提供更加贴近用户需求的内容。用户参与不仅增强了媒体传播的时效性和真实性，也提升了用户的参与感和忠诚度。

此外，媒体融合还促进了新闻传播的多样化表现形式。随着信息技术的发展，新闻报道不再局限于文字和图片，视频、VR、AR 等技术的运用使得新闻内容更加丰富多彩，传递效果更加生动直观。新闻传播从传统的线性单向传播模式逐渐转变为互动性强、多样化的双向传播模式，这种变化使得新闻传播更加贴近受众，更能激发受众的兴趣和共鸣。

总之，依托信息技术，加强媒体融合已经成为新闻传播领域不可逆转的趋势。媒体融合将传统媒体与数字媒体有机结合，实现资源共享和内容优化，促进了用户与媒体的互动与参与，提高了传播效果，同时也丰富了新闻传播的表现形式，使得信息传递更加生动多样。媒体融合为新闻传播带来了新的发展机遇，也为公众提供了更加丰富和便捷的信息服务。

（四）提高互动性，注重用户参与和社交化

新闻传播需要积极倾听读者的声音，增强与用户的互动，鼓励用户参与新闻报道的过程。社交媒体的兴起也要引起传播主体的重视，将新闻内容发布在社交平台上进行传播，

增加用户的参与度和传播力。

在当今信息时代，新闻传播已经不再是简单的单向信息传递，而是向着更加互动、开放的方向发展。为了适应受众的需求，新闻媒体需要提高互动性，注重用户参与和社交化，借助信息技术和社交媒体平台，打造更加立体、多元的传播模式，增强了新闻传播的吸引力和影响力。

第一，提高互动性意味着媒体要打破传统的信息传递模式，让受众不再是被动的信息接收者，而是参与其中的活跃主体。传统媒体主要通过报纸、电视、广播等渠道向受众传递信息，而互动媒体则为受众提供了更多参与的机会。例如，在新闻网站或社交媒体上，用户可以进行点赞、评论、分享等操作，与新闻内容进行互动，表达自己的意见和看法。媒体还可以通过在线投票、调查等形式，让受众参与到新闻报道的制定和决策中来，实现用户与媒体的深度互动。

第二，注重用户参与意味着媒体要更加关注受众的需求和反馈。在信息爆炸的时代，用户面临着海量信息，媒体需要通过深入了解受众的需求，有针对性地提供内容，增加受众的黏性和忠诚度。通过数据分析和用户调研，媒体可以了解受众的兴趣爱好、需求偏好等，精准投放内容，提供个性化的信息服务。同时，媒体还要积极回应用户的反馈和意见，及时调整和优化内容，不断提升用户体验。

第三，社交化是新闻传播的重要趋势，也是增强互动性的有效手段。社交媒体平台如微博、微信、抖音等已经成为人们获取信息的主要渠道之一，媒体可以在这些平台上建立官方账号，将新闻内容传播给更广泛的受众。在社交媒体上，用户可以与媒体进行即时互动，如评论、转发等操作，让新闻内容快速传播。社交媒体还能够促进用户之间的互动和交流，形成信息传播的社群效应，使新闻传播更加有影响力。

第四，新闻媒体还可以通过引入社交化元素，增加新闻传播的趣味性和参与性。例如，开展线上线下的互动活动，举办线上直播、线下论坛等，吸引用户参与和分享，提升新闻的影响力。在新闻报道中，可以加入用户生成内容，鼓励用户分享自己的故事和见解，丰富新闻内容，增强受众的参与感。

总之，提高互动性，注重用户参与和社交化已经成为新闻传播不可忽视的重要方面。通过借助信息技术和社交媒体平台，媒体可以打造更加互动、开放的传播模式，使受众不再是被动接收信息的对象，而是积极参与其中的活跃主体。同时，媒体还需要深入了解用户需求，精准投放内容，积极回应用户的反馈和意见，不断提升用户体验。社交化也是增强新闻传播影响力的有效手段，可以通过社交媒体平台吸引更广泛的受众，形成信息传播的社群效应。在新闻传播中引入社交化元素，增加趣味性和参与性，也有助于吸引用户参与和分享，提升新闻传播的影响力和传播效果。

（五）明确使命，注重媒体伦理和可信度

媒体是信息传播的重要平台，承载着向公众传递真实、准确、客观信息的重要使命。为了履行好这一使命，媒体需要高度重视媒体伦理和可信度。明确使命，注重媒体伦理和可信度，不仅是媒体自身的发展需要，更是对公众负责的表现。

第一，媒体要明确自己的使命。媒体的使命是为公众提供客观、全面、真实的信息，让公众了解事实真相，做出理性判断。这意味着媒体应该坚持报道真实的新闻，客观地呈现事实，不掺杂个人观点。媒体要本着社会公益的原则，服务于公众，不仅要报道社会进步的积极面，也要揭露社会问题，帮助公众认识问题，并寻求解决办法。

第二，媒体伦理是媒体职业道德的体现，是媒体行业健康发展的重要保障。媒体伦理要求媒体人在报道过程中遵循一定的道德规范，不违背社会公序良俗，不侵犯他人的合法权益。媒体人应该尊重劳动、尊重知识、尊重人才、尊重创造、尊重受众的权利和需求。此外，媒体要做到客观公正，不以不实信息和夸大事实来吸引眼球，不进行低级趣味的炒作，不散布谣言和虚假信息。媒体伦理的遵守可以树立媒体的良好形象，赢得公众的信任。

第三，媒体要重视可信度的建设。媒体的可信度是公众对媒体信任程度的体现，是媒体是否受到公众认可的重要标志。媒体要通过持续不断的努力，提高自身的可信度。首先，要坚持以事实为依据，严格核实新闻的真实性。在报道中，要引用可靠的数据和来源，避免传播未经证实的消息。其次，要建立内部的质量控制机制，对新闻内容进行审核和审查，确保信息的准确性和可靠性。同时，媒体要勇于纠错，及时更正错误信息，对于已经发生的错误要及时向公众道歉，展现诚信态度。

第四，媒体要加强与公众的互动，倾听公众的声音和需求。通过问卷调查、社交媒体等多种渠道，了解公众对媒体报道的反馈和意见，及时进行改进和调整。媒体要根据受众的反馈，提供更加个性化、贴近需求的内容，增强受众对媒体的认同感。

总之，明确使命，注重媒体伦理和可信度，是媒体自身发展和社会进步的需要。媒体要明确自己的社会责任，为公众提供真实、客观的信息。媒体伦理要求媒体人坚守职业道德，尊重事实，尊重受众，不以谎言和虚假来吸引公众眼球。媒体要重视可信度的建设，通过持续努力提高公众对媒体的信任。通过与公众的互动，倾听公众的声音，媒体可以更好地满足公众的需求，实现共赢发展。只有在媒体伦理和可信度的引领下，媒体才能更好地履行自己的社会使命，为社会传递积极正能量。

（六）拓展范围，推动国际化和跨文化传播

新闻传播不仅要关注本国的新闻事件，还应积极拓展国际视野，推动跨文化传播。因此，拓展范围，推动国际化和跨文化传播，不仅丰富了媒体内容，也促进了全球文化多样性的保护和传承。

第一，拓展范围意味着媒体要积极拥抱国际化。国际化是媒体发展的重要方向，可以将优质的信息和内容推送给全球受众。媒体可以利用互联网和社交媒体平台，突破地域限制，实现全球范围的信息传播。通过多语种的报道和翻译服务，媒体可以让不同国家和地区的受众了解到世界各地的新闻动态，促进国际交流和合作。国际化不仅可以提升媒体的影响力和知名度，也有助于增进国家和地区间的友谊与相互了解。

第二，推动国际化和跨文化传播，需要媒体具备全球视野和跨文化素养。媒体人要具备跨文化交流的能力，了解不同国家和地区的文化背景和传统习俗，尊重和包容不同文化之间的差异。在报道国际新闻时，要注重客观、公正，避免片面或偏颇的观点，不以自己的文化标准去衡量其他文化。媒体要摒弃文化优越感和偏见，尊重和理解不同文化的独特之处，以开放和包容的态度面对跨文化传播的挑战。

第三，国内媒体要加强与国外媒体的合作交流。国际合作是推动国际化和跨文化传播的重要手段。国内媒体可以与国外媒体建立合作关系，共享资源和信息，进行新闻报道和文化交流。国际合作还可以促进新闻报道的全球化，增加新闻内容的多样性和广度。通过与国外媒体的合作，国内媒体可以了解全球热点话题和关注焦点，为受众提供更丰富、更权威的信息。

第四，媒体还可以通过跨文化节目和活动来推动文化交流与传播。例如，举办国际文化交流活动、文化展览和艺术表演，让不同国家和地区的文化艺术在全球范围内展示。在节目内容方面，媒体可以制作具有跨文化特色的节目，展示不同文化的风采和魅力。通过这些活动和节目，可以促进全球文化多样性的保护和传承，增进各国人民的友谊和对彼此的了解。

第二章　融媒体时代下的新闻传播流程与发展

融媒体时代下的新闻传播流程与发展经历了深刻的变革，这种变革主要是由于数字技术的迅猛发展和人们获取信息的方式的改变所驱动的。"融媒体是时代发展的产物，为新闻传播创造了更好的机遇，充分运用融媒体优点，利用新媒体的技术和工具，使新闻报道更加便捷、人性化、全方位。"①

第一节　融媒体时代的内涵与传播要点

一、融媒体时代的内涵

媒体的融合是融媒体时代的核心概念，媒体的融合内容包含：①资源容纳。融媒体可以合理整合新旧媒体的人力和物力，将媒介资源转变为共同服务。②优势互补。媒体整合的目的是建立一种新型的和谐、互补和互信的媒体关系。打造"融媒体"，就是摆正新旧媒体关系，分析新旧媒体的利弊，优势互补、扬优去劣，达到"1+1>2"的效果。③利益共享。媒体的发展是为社会和人们的生活提供保障，通过建构融媒体平台，打通各种媒介平台互联的"最后一公里"，实现共融理念下的媒体融合，重整文字、图像、声音等各种数据库信息，通过计算传播、数据库建设进入数据营销的新场景。

融媒体是指借助新媒体技术，在电视、广播、报纸等传统媒介的基础上进行新闻内容的报道。融媒体是一个理念，这个理念得以实现的前提是新旧媒体之间的融合。融媒体就是充分利用媒体这个载体，整合广播、电视、报纸等各种媒体的共同特点，整合人力资源、内容以及宣传的各种优势，实现资源通融、内容兼融、宣传互融、利益共融的一种新型传播中介。融媒体以最新的数字网络技术为支撑，通过互联网、有线网络和无线网络等

---

① 程元青. 试析传统新闻传播如何实现融媒体传播 [J]. 中国报业，2023（10）：162-163.

途径，在终端设备手机、电脑以及数字电视中，通过微信、微博、社交网站、论坛、音视频 App 等载体进行信息传播。这充分体现了融媒体在技术、途径、平台和载体等多个方面不同于传统媒体，完善了传统媒体所欠缺的诸多传播特性。

二、融媒体时代的传播要点

融媒体是媒体间资源、内容、传播渠道共享的整合，是具有独立传播特色的媒体，拥有自己的"中央厨房"和配套的传播产业链，像传统媒体一样，运用新媒体技术对采集的内容进行重组、剪辑、播放。

融媒体可以通过受众第一时间得到信息，具备"事件发生时我就在现场"的传播优势，不需要经过层层上报过程，比传统媒体传播更及时。融媒体的功能就在日常生活的报道中异军突起，传播效果呈现向好趋势，并表现出以下特点：

第一，媒介的融合化。与大众传媒的专业化、组织化、机构化不同的是，融媒体的信息采集者、编辑者和传播者，是可以交叉融合进行新闻传播的。他们将采、编、播、创、讲、传融于一体，还可以在线与受众互动。这样的新型传播媒介弥补了传统媒介的弊端，增强了受众的参与感与提升满意度。

第二，内容的丰富化。融媒体集各种媒体特性于一身，其传播的内容非常丰富，而受众参与度的提高，势必对融媒体的传播内容提出严峻的挑战。在融媒体平台发布的内容不仅可以表达媒介的信息，也可以表达受众的信息。

第三，传播途径的"圈群化"。"圈群化"主要表现在融媒体传播是点对点或者点对群的传播。因为融媒体可以实现移动传播，同时反馈效果快，受众能够在碎片化时间快速查找内容，甚至某些内容可以在瞬间实现信息爆炸效果，所以融媒体传播是一种"圈群化"的模式。

第四，传播的快速化。时效性是新闻的生命线，传统媒体对新闻时效性的追求是尽快报道，而融媒体时代体现的是在场的即时报道。当新闻发生时，记者就在你的身边，只要手中有自媒体终端，每个人都可以成为新闻记者，成为传播者。融媒体对时效性的要求不再是发生事件时第一时间到达现场，而是发生事件时"我"就在现场。融媒体的时效性基于网络传播的方式，其时速用比特计算，其传播形式呈现出多样、沉浸、互动的新型态势。

伴随着技术的不断发展，融媒体传播不仅有以上特点，还可以广泛接入更多技术，实现更强大的传播效果。其中"5G+4K+VR+AI""5G+8K/4K+AI+3D 全息虚拟投影+区块链"等技术与传播方式的结合突破了传播边界的限制性，为信息传播提供了新的模式。

第二节　融媒体时代下的新闻传播流程

一、融媒体时代下的新闻采访

（一）新闻采访概述

新闻采访是新闻传播过程的起点，新闻传播者需要在纷繁复杂的世界中根据新闻价值的判断，选择相关的信息跟进、深入，试图还原事件，这一切靠的是采访。

在新闻采访活动正式开展之前，访前准备是必不可少的环节，大致而言，访前准备就是要求采访者尽可能多地收集和了解有关采访对象的资料，了解有关知识和术语。对大量前期资料的阅读与储备，有助于记者在新闻现场更好的发挥。访前准备有助于采访者初步认识采访对象，但这一环节并不一定总是能够留有充足的时间完成，例如突发事件的访前准备，由于突发事件的急促性、突然性与新闻的时效性要求记者在第一时间赶到新闻现场，所以采访者就需在采访过程中和采访过后格外注意整理好思路并及时进行总结。

一次成功的采访，在很大程度上得归功于成功的提问。在经过前期的深思熟虑后，记者通常应该是带着明确的目的，以坚定的意志深入现场获得有效信息的。带着思考去提问才能保证采访对象说的是新闻最需要的。

（二）融媒体时代下的新闻采编特点与优化策略

1.融媒体时代下的新闻采编特点

（1）新闻采编信息来源更加丰富。融媒体时代下，信息传播多样化，新闻采编的信息来源更加丰富。当今时代下，每个人都是信息的传播者，也是信息的受众。随着信息传播多样化，信息种类也更加复杂，这也增加了新闻采编的工作量，既要在大量信息中寻找合适的信息内容进行采编，又要辨析信息的真伪性，去伪存真，保证新闻采编内容的真实性。

（2）新闻呈现方式多样化。融媒体时代下，传统的传播方式已经难以满足人们的需求。新闻传播方式逐渐多样化，新闻更多地通过微博、微信、新闻网站、新闻 App 等进行传播。新闻传播方式的变化，势必影响新闻采编方式的改变。

（3）新闻采编制作方式多样化。融媒体时代下，传统新闻采编制作方式已难以满足受众需求，进而出现漫画、短视频等新兴制作方式，让受众可以充分利用碎片化时间快速获取新闻信息。

（4）新闻采编个性化。新闻采编制作方式的多样化并不是要完全舍弃传统采编制作方式，而是保留传统方式的优势，在此基础上守正创新。这不仅丰富了新闻采编制作方式，也在一定程度上满足了受众不同需求，尤其是满足了新闻受众的个性化需求。

（5）新闻采编专业化要求逐步提高。新闻采编工作者需要深入了解不同平台特点，结合专业知识进行制作，保证新闻采编符合不同平台的传播规律。

2. 融媒体时代下的新闻采编优化策略

（1）根据受众需求深度挖掘新闻。根据受众需求来挖掘新闻，以保证自己所制作的新闻符合受众需求。当出现热点新闻时，新闻采编工作者需要深挖事件背后的原因，从不同角度分析热点新闻，既可以避免新闻采编出现盲目跟风现象，又可以增强了新闻内容的深度，进而充分发挥新闻的舆论引导作用。

在深入挖掘新闻的同时，需要对采编内容进行认真审核。对新闻内容的真实性和准确性进行全面分析，以保证新闻信息的真实性；审核新闻报道重点与受众需求是否契合，避免脱离受众需求；审核所选择的信息素材是否契合新闻主题，避免出现主题与内容脱节情况。

（2）创新新闻采编形式。创新新闻采编形式，需要运用网络技术，了解各个平台特点与区别，再根据各个平台的特点来创新新闻采编形式。即使是同一事件内容，不同平台的采编也需采用不同的形式，如快手、抖音等 App 的新闻采编更注重视频的冲击力和感染力，通过简单明了的文字描述和生动有趣的短视频制作方式，增强新闻传播力。在采集到新闻信息的第一时间，就需要新闻采编人员打破时空限制，在保证信息真实性的前提下，尽快抢占先机，抢发新闻头条，尽量做到即时传播。

创新新闻采编形式，会让新闻采编模式更加多样化，有利于增强媒体的竞争力。随着融媒体的发展，行业竞争日益激烈。想在竞争中脱颖而出成为行业标杆，需要媒体有自己独特的新闻采编特色和鲜明的报道风格。

（3）全面了解受众需求，增强与受众的互动。建立健全受众互动平台，完善各大媒体平台的互动管理机制，让受众能有更多发言的机会，让新闻采编工作能及时收到受众的反馈和建议，从而让新闻采编工作者更了解受众的需求。根据受众需求，打造更贴合受众生活和需求的新闻内容，拉近与受众之间的距离，促进新闻事业的不断创新和发展。

媒体可以开展受众需求调研，在保证调研数据真实有效的情况下，根据受众需求来调整新闻采编工作方向，以扩大受众范围，进而提高新闻报道整体质量。

（4）创新新闻采编制作技术。融媒体时代，短视频、长图海报等新的传播形式越来越受欢迎，采编制作趣味性较强的短视频新闻内容，满足短视频受众的需求，吸引更多流量。在微博平台，除了用简洁明了的文字描述新闻，还可采用漫画制作技术，将新闻以漫画形式生动形象地传播给受众。

（5）加大资金投入。融媒体时代的新闻采编需要更有力的设备和技术，加大对设备方面的资金投入，主要目的是保证新闻采编硬件设施的不断完善。

第一，在保证新闻采编人员软实力提高的同时，使新闻采编硬件设施也跟上时代发展步伐。机器设备的更新换代，能让新闻采编工作更加顺利地进行，从而增强新闻采编硬实力。

第二，通过加大对新闻采编工作的资金投入，改善新闻采编人员的工作环境，让新闻采编人员有良好的工作环境，从而保证心情愉悦舒畅，进一步提高新闻采编人员的工作积极性。

总之，新闻采编人员需要积极采取应对措施，创新新闻采编方式。抓住融媒体时代带给新闻采编工作的新机遇，根据社会受众需求，改进新闻采编方式，深度挖掘新闻信息资源，从而提高新闻采编水平，更好地适应融媒体时代的发展趋势，保证新闻质量和传播覆盖率，进而促进新闻采编事业的持续发展。

二、融媒体时代下的新闻写作

（一）新闻写作的基础知识

新闻记者在新闻现场获得大量信息后，新闻传播活动就进入新闻写作的阶段。新闻写作既是新闻采访工作的延续与深化，更是对新闻价值的彰显，直接关系着新闻传播活动的效果，因而新闻写作的语言、语言手段等都有着自身的特点。

1. 新闻语言的要求

（1）准确。新闻是对客观事实的反映与呈现，这种反映与呈现的准确程度取决于新闻语言表达是否恰当，是否准确到位。语言的准确是新闻整体质量最基本的保证与体现。

第一，准确是对新闻写作的最基本的要求，但是在实际新闻操作中往往被忽视，得不到较好实现。具体内容包括：①知识要准确。②要素要准确。新闻是由众多要素碎片组合而成的整体，尤其是对时间、数量、细节要素，如果表意不清会损害新闻的效果。③用语要准确。

第二，用语准确的要求涵盖：①用语要具体，忌笼统抽象。②语言要平实，忌辞藻的堆砌与滥用。③语言选择要慎重，忌褒贬不当。④允许记者合理想象，但不能虚构，或表达过于浮夸，忌用文学的想象代替事实的描述。

（2）简洁。简洁是新闻报道特别要求的写作规范，简洁的新闻行文意味着快速、直接和有效地传递新闻信息，有效地保证了新闻传播的效率；而且，篇幅短小的新闻占据较少的新闻刊播的空间（版面）和时间，因而可以增加新闻传播的信息量。

（3）易读。易读是新闻写作过程中应该遵循的一个原则，易读性是指文本易于阅读和理解的性质，它不仅关乎内容，而且涉及信息传递的方式，如平面媒体对版面的设计、电视新闻镜头的剪辑。易读的基本要求是语言通俗易懂、一目了然，语言表达时也要注意接近性的原则，即写作时要根据目标受众的知识结构、接受能力来制作新闻，拉近新闻作品与受众的距离。

就新闻写作而言，易读性除了要求在具体的语句和措辞上应努力追求通俗易懂外，还要求在结构、叙述手段等方面下功夫。比如近些年来，我国新闻理论界和业界都有论者强调，新闻是讲故事的艺术，要求记者用故事讲述新闻，就是为了使新闻更具有吸引力，更具易读性。

2. 新闻的语言手段

新闻写作中，语序、引语和语言情境等语言手段的运用，也对新闻的面目和品质有着不可忽略的影响，所以下面将对它们加以分述。

（1）语句顺序。语句的顺序包括语序和句序。语句的顺序在语言的细节构成上影响着信息传递的效果与效率，进而影响信息的接收和理解。新闻传播者应该充分意识到这一点，根据传递新信息和引导读者注意力的需要安排语句的顺序。

（2）引语。使用直接引语的好处突出体现在两个方面：

第一，直接引语是三种引语形式中叙述干预最小的一种，能够最大限度地实现保真功能，贴合新闻真实性的要求，因为它不容许叙述者对人物的言语做任何改动。因此，对具有争议的事情，完整提供陈述者的原话，可保护记者自己免受未准确表述发言者的意思的指控，拉开叙述距离，增强新闻的真实感和客观性，降低叙述者的介入程度，避免叙述者代言产生主观色彩，不至于出现过强的叙述声音。

新闻记者在选择直接引语时要把握好选用的尺度，只有那些真正能对新闻表达有益、话语风格独特、彰显人物性格等的话语才可被直接选用。

第二，在使用直接引语时，记者退居一旁而让报道中的人物为自己说话，拉近报道中的人物和读者的距离，从而使直接引语成为新闻报道里人情味的基本构成要素，许多情况下，甚至是首屈一指的要素。

（3）语言情境。语言的情境，即指作者通过多种语言手段，创造出情感、情绪、氛围等效应，构成读者接收信息时的语言环境。语言的情境是综合使用语言手段的结果，包括词语、句式、修辞方式诸方面的选择和细节的描写等。如果遣词造句不够恰当，有可能破坏或模糊语言情境，从而影响读者在对事实信息的接收中对特定气氛的感受。

根据不同的写作需求，创造不同的语言背景。例如，在特稿和通信写作中，运用丰富的语言修辞手段，有助于增强文章的表现力和感染力。然而，在对重大事件的新闻报道中，我们需要以事件的实质和背景为基础，平衡信息的准确性与观众的心理状态，以确保我们的报道既符合事实标准，又能满足观众的情感需求。

（二）融媒体时代的新闻写作技巧

1. 拓展新闻资源

融媒体形势下改进新闻写作的措施之一是要注重拓展新闻资源、丰富新闻内容，进而提高新闻质量。融媒体环境下，社会个体既是新闻的创造者也是新闻的消费者。为保证新闻传播视角的多元化及新闻内容的真实性，新闻工作者要注重对社会资源的整合，用新闻工作者独有的专业素养从众多信息中筛选出符合受众接受习惯、最有价值的新闻内容，探索构建社会化新闻生产之路。

融媒体形势下媒体对新闻事件的报道为了吸引受众眼球，获得关注度，往往利用最简短的语言进行描述，抢占报道先机。融媒体环境下的新闻写作要注重事件报道的全面性，使消费者也就是社会大众对事件的接受不再局限于某一个角度，进一步提升新闻报道的广度和深度。

2. 重视互动写作

为激发用户的阅读兴趣，提高其参与度，在新闻写作过程中应树立互动意识，将单向传播转变为双向传播。

（1）选择在新媒体平台增设互动写作模块，在这里及时为用户解答疑问，根据用户所提问题，多角度解读新闻事件，方便用户了解新闻事件走向。

（2）在新媒体平台上不定期开展热点在线调查和票选活动，了解多数用户对新闻的关注点，并按照用户的阅读喜好来撰写稿件。

此外，应体现新闻写作过程的动态性，首篇新闻稿件以简单陈述事件起源或经过为主，后续根据用户的关注方向来撰写稿件，持续深挖新闻事件真相并报道后续结果。

3. 优选角度和凸显要素

融媒体环境下的新闻写作，应注意切入角度选择、深化内容可读性、精炼新闻语句三方面技巧。其中，在选择切入角度方面，要根据新闻事件类型选择恰当角度。

新闻角度反映了新闻工作者如何挖掘、表现已发生或正在发生的新闻事件，由于新闻稿件篇幅有限，无法完全展现事件全貌，需要从中挑选还原事件经过、受众易于接受的新闻角度。例如，可采用以小见大等方式，从新闻事件的个性特点着手，也可以联系旧闻，既对比同类新闻事件的差异，还可以通过提升高度，即通过对比来引导受众产生心理共鸣。

在深化内容可读性方面，按照时间顺序或事件发展顺序来交代新闻事件过程，这样方能做到脉络清晰、有始有终，同时尽量使用短小精炼的语句。

4. 丰富表现形式和语言

融媒体环境下，新闻写作模式更加多元化，形式更为丰富，反映新媒体带来的创新力。

（1）创新编排方式，在稿件中添加直观且与新闻主题有较强关联性的图片、音视频，通过图文并茂、文字与音视频相结合的方式，在短时间内激发受众的阅读兴趣。例如，在部分新闻稿件中，可用漫画取代文字描述，根据漫画剧情走向来反映新闻事件的发生过程。

（2）丰富写作语言，满足不同年龄段受众的诉求。值得注意的是，写作中要维持语言风格、语言规范两者间的平衡，既要灵活运用当前流行语来引起受众共鸣，但也不能盲目采用过于口语化的语言削弱新闻的权威性。

5. 强化超文本写作

超文本写作形式，就是在新闻稿件中搭配使用文字、声音、图片、视频等形式，对新闻事件进行全方位报道。用超文本写作形式撰写新闻稿件时，还应掌握新闻素材分层要领，将新闻素材分为骨干层和枝叶层，骨干层以新闻事实为主，枝叶层以新闻背景、细节为主，明确各层级新闻素材的主次关系。一般情况下，引入外部视频等相关信息链接来展开新闻骨干层内容，也可引入外部链接来展开枝叶层内容，受众根据自身兴趣喜好来访问外部链接，更加深入了解新闻事件。

6. 创新写作思维

融媒体背景下，传统新闻写作模式发生明显改变，因此，新闻工作者应转变写作观念，以突破定向思维、树立逆向思维、善于利用发散思维作为思维能力的创新方向。

（1）突破定向思维是由立体思维取代原有单一思维，积极借鉴同类新闻稿件，从全新角度来看待新闻写作。

（2）树立逆向思维是在新闻素材中找寻新闻事件"个性"，并从受众切身利益角度切入、展开新闻事件过程，在保证专业性、真实性与客观性的同时，使新闻稿件具备鲜明特点。

（3）善于利用发散思维有助于新闻工作者打破新闻写作中人为搭建的"框架"，运用以小见大等写作手法，从细节与小事件入手，逐渐引出相关社会问题，做到"于细微处见整体""于无声处见精神"。这既可以体现新闻深度，也可以为受众预留足够的思考空间，引发广泛探讨。

总之，为提升传统媒体新闻质量与发展潜力，媒体机构与新闻工作者应提高对新闻写作的重视程度，认识到传统新闻写作方式以及传播思路必须有所创新，才能适应融媒体发展环境，并利用新媒体提升写作效率和质量，更好地促进媒体可持续发展。

三、融媒体时代下的新闻编辑

（一）新闻编辑概述

新闻编辑是指新闻传播机构中的编辑部门和编辑人员运用专业知识，凭借新闻素养，策划、组织和协调新闻采写活动，从众多的新闻稿件（包括文字、图像、照片、声音）中选出最有新闻价值的稿件，为它们制作标题、穿插相关资料、设计版面，从而吸引受众的阅、听、收、视，潜在地"规定"受众接收新闻的秩序，凸显所传播的新闻重点，提示意义。

新闻编辑工作的基本流程如下。

第一，新闻编辑策划，确定选题。新闻编辑策划就是新闻报道策划，是指谋划和组织新闻报道的过程，新闻编辑策划是建立在事实的基础上须遵循新闻传播的基本规律的新闻活动，要和策划新闻进行严格的区分。新闻编辑策划的一个重要目的在于确定新闻报道的选题，即新闻传播者对接收到的大量新闻线索进行价值判断、选择、取舍后确定新闻报道的主要内容，新闻编辑需要凭借其自身的从业经验、专业素养，帮助一线的记者确定所要报道的新闻事件的"核心"。确定新闻选题是新闻编辑对传播者"把关人"角色功能的发挥，根据对新闻价值的判断选择相应的议题展开报道。

第二，组织报道，调控报道。新闻编辑与记者需要保持协作关系，新闻编辑不只是被动地等待、接收新闻记者从采访一线传来的新闻稿件，更需要根据新闻媒体整体的运作情况，遵循编辑方针，对新闻报道产生多方面的作用和影响。具体表现在组织报道和调控报道两个方面：①组织报道。组织报道是指编辑部通过对报道方案的设计，在报道的主要内容范围、报道重点、报道过程、发稿计划、版面地位和版面形式、报道人员等方面做出具体细致的安排，其他采编人员根据这些安排各就其位，各司其职，完成新闻采、写、编、传的任务。②调控报道。调控报道是指在报道进行过程中随时根据客观条件的变化调整报道计划，控制报道进展，以达到最好的报道效果。调整报道包括调整报道思路、报道内容、报道规模、报道形式、报道力量等方面。

第三，稿件处理。稿件处理主要包括三个方面：①组稿。编辑根据拟订的选题计划与发稿意图以及读者对象，物色作者撰写相应的稿件。②选稿。选稿的标准是所报道事件的新闻价值、与编辑方针的吻合程度、预期的社会效果与影响力、目标受众的需要。③改稿。面对已经决定留用的新闻稿件，新闻编辑进一步的工作是对稿件进行必要的修改，去芜存菁、修正润饰、琢玉成器，从而保证新闻传播的高品质。具体地说，稿件修改工作包括三个方面：立主脑、校差错、修饰辞章。

第四，新闻标题制作。在完成了上述对稿件的处理之后，新闻编辑人员要做的工作就是为新闻稿件制作标题。新闻标题制作有如下四项基本功能：标出事实、进行评价、吸引注意、美化版面。

（二）融媒体时代下的新闻编辑特点与优化路径

1. 融媒体时代下的新闻编辑特点

融媒体背景下，新闻编辑的特点鲜明，具体如下：

（1）新闻传播载体多元化。在融媒体时代下，受众能够通过新媒体快速获取新闻事件的相关信息，突破新闻信息传播方面的空间限制和时间限制，使得新闻编辑的工作环境及工作条件得以改善。随着媒体融合不断深入，可以利用各种各样的媒介载体进行新闻编辑和新闻信息的传播。

（2）新闻资源渠道多元化。新闻信息传播渠道和新闻信息获取的渠道随着融媒体发展而不断拓宽，不仅是报刊、电视、广播等传统的媒体受益，图文 App、检索平台及短视频平台也能够完成新闻信息的传播、新闻信息的获取，且受众可以对新闻信息进行自主选择，并成为新闻信息的传播者。

2. 融媒体时代下的新闻编辑优化路径

为解决融媒体背景下新闻编辑现存的问题，则需创新新闻编辑思维模式。具体而言，新闻编辑思维模式创新的有效路径包括：

（1）确保新闻内容的准确性及真实性。随着我国进入融媒体时代，新闻信息传播速度显著提升，使得新闻受众更加关注新闻内容是否真实。在发生新闻事件后，为获得第一手信息，快速发布信息获得流量，仅需要几分钟就完成新闻内容的报道，使得新闻信息传播速度越来越快，但是新闻内容的真实性及准确性不能得到保障，使得受众对新闻内容是否真实的质疑声越来越大，给新闻编辑的发展带来挑战。基于这一情况，新闻编辑必须坚持新闻内容的真实性及准确性，消除外部因素产生的不利影响，使新闻信息的深度优势得以发挥。既要创新新闻编辑思维模式，也要保证新闻内容的广度及深度，使新闻媒体获得受众的信任，促进传统媒体的不断发展。

新闻编辑需要对新闻事件进行深入挖掘，将新闻事件的真相展示出来，对新闻媒体的权威性进行强化。为发挥传统媒体的权威性，要求新闻编辑充分把握好网络中的舆论风向及信息动态，借助新媒体对准确的新闻信息进行传播，将虚假信息、错误信息的传播阻断，以便受众获得准确、真实的信息。

（2）坚持新闻内容兼顾传统媒体和新媒体。为实现新闻编辑思维模式创新，需要充分考虑到新闻内容的兼容性，必须兼顾传统媒体平台的特征和新媒体平台的特征，保证新闻内容传播的广泛性，使新闻媒体及新闻内容得到受众的认可。具体来讲，可以从以下方面来促进新闻编辑思维模式创新：

第一，新闻编辑可将融媒体新闻作为中心，丰富新闻编辑的形式和新闻编辑的内容，增加在新媒体新闻信息开发与生产方面的投入，全面传播新闻信息。

第二，新闻编辑应充分了解融媒体在新闻采编和新闻传播中的优势，尤其要认识到信息采集和新闻传播的即时性这一优势，使融媒体能够更好地服务于新闻编辑工作。需要将突发性新闻事件的挖掘和快速报道作为新闻编辑的重心，将具有时效性的新闻信息提供给受众，鼓励受众参与新闻信息的传播、挖掘和跟踪。同时，需要提升对民生民情的关注度，强化新闻信息的吸引力。要求新闻编辑深入基层，关注贴近群众生活的新闻，了解受众的真实想法及现实需求，选择受众感兴趣的新闻内容，提升新闻信息传播的影响力，及时回应受众关心的问题，消除受众的困惑。可以适当地运用口头语或网络语言来吸引受众，提升新闻信息的传播效果。

（3）发挥新媒体与互联网的优势，与受众进行互动。新媒体和互联网在信息传播方面有着较大的优势，新闻编辑需要充分了解新媒体及互联网的优势，通过新媒体和互联网与受众进行有效互动，从而提升新闻信息的传播效果。新闻编辑需要加快对自身的思维模式的转型，具体可以从以下三个方面开展工作：①新闻编辑应掌握行业的发展趋势，了解融媒体在信息传播方面的优势，比如新闻信息传播的全面性和及时性，对新闻理念进行创新。②新闻编辑应掌握新媒体和互联网在信息传播中的优势，主动推动媒体融合，提升受众对新闻信息的关注度。③新闻编辑应掌握新媒体和互联网与受众互动方面的优势，利用新媒体和互联网对受众端的信息进行收集，以便对新闻内容进行完善。具体来讲，可以利用短视频平台、微信、微博等与受众进行互动交流，了解受众的想法，鼓励受众参与新闻编辑，使新闻媒体得到受众的认可，提高新闻信息传播的效果。

（4）革新技术手段，促进媒体转型升级。在新闻编辑思维模式创新中，应重视对技术手段的创新，深化新媒体与传统媒体的融合，使两者能够发挥出更大的价值。目前媒体行业已经建立起集中采集体系，提高新闻编辑的业务能力，对新闻编辑思维进行改变，将传统媒体的优势和新媒体的优势发挥出来，开发媒体融合产品。即使新闻传播的信息相同，但是在各个媒体平台下能够起到不同的传播效果。在这一情况下，既要创新新闻编辑思维模式，也要重新建立传媒形式，将新闻信息的内容及性质方面的差异作为参考，选择适合的平台进行新闻信息的传播。

为适应时代发展，新闻编辑首先需要对各种新闻信息传播形态进行了解，掌握各种新闻信息传播形态的差异及其应有的优势，以便制作出具有特色、形态丰富的新闻产品，使受众对新闻信息的各方面需求得到满足。其次，对于同一主题的新闻报道，可以根据不同的发布平台和渠道，对新闻内容进行调整，将社会主义核心价值观融入其中，促使受众形成正确的价值观念。

（5）提升相关从业人员的专业素质。可以安排相关从业人员进行新闻采编技能培训，以此强化整个队伍的新闻采编能力，使新闻编辑队伍的宣传水平得以提升。需要对培训的内容进行合理选择，坚持语言精辟、事例丰富、深入浅出的原则，体现出较强的实用性及指导性。在培训活动中，邀请资深记者利用自身的经验优势，以新闻对比、理论讲解的方式对新闻编辑方面的技巧进行讲解，通过现场点评、理论讲解等方法，帮助新闻采编人员掌握新闻采访的注意事项、新闻拍摄的技巧和新闻写作的技巧，对新闻采编人员的作品进行点评，针对不足的地方提出改进的建议。

在完成培训活动后，可以对新闻拍摄中的重难点进行交流，进一步提高相关从业者的工作能力，使新闻编辑工作能够有效开展。此外，在新闻编辑今后的发展中，应把握好"一专多能"的全媒型人才需要，加大专业人才的培养力度，开展多样化的业务培训活动，对新闻编辑工作人员的能力水平进行提升，创新新闻编辑思维模式，不断提升主流媒体的公信力、影响力、引导力和传播力，为社会高质量发展建立良好的舆论环境。

四、融媒体时代下的新闻审核与批准

(一) 新闻审核与批准的一般步骤

在新闻传播流程中，审核与批准是非常重要的环节，用于确保所发布的新闻内容的准确性、合法性以及符合媒体机构的编辑政策和价值观。审核与批准在新闻传播流程中的一般步骤如下：

1. 初步审核

新闻的初步审核是新闻报道流程中至关重要的一步。它涉及对即将发布的新闻内容进行仔细检查和审查，以确保信息的准确性、客观性和道德性。这一审核过程通常由新闻编辑、记者和审核人员共同完成，以确保新闻在传播过程中能够起到积极的作用，而不会造成错误、误导或不良影响。

(1) 在新闻的初步审核中，编辑和审核人员会对新闻内容的事实进行核实。他们会查证所有引用的数据、事实和事件，以确保信息的准确性。这是至关重要的，因为一条不准确的新闻可能会引发误解、恐慌甚至法律纠纷。通过事实核实，可以避免错误信息的传播，维护新闻媒体的信誉。

(2) 初步审核还涉及对新闻报道的客观性进行评估。新闻应该呈现事实，而不是主观意见。审核人员会检查报道中是否存在偏见、感情色彩过浓或过度渲染的内容。

(3) 初步审核还关注新闻报道的道德性。这意味着要避免使用不当的语言、图像或描述，以及尊重个人隐私和社会价值观。审核人员需要审查报道是否违反了伦理规范，是否存在可能伤害受众的内容。

在进行初步审核时，新闻媒体还需要注意信息的来源可靠性。虚假新闻和不实谣言的传播在网络时代变得更加普遍，因此审核人员需要核实消息来源的可信度。避免引用没有可靠背景的消息，以防止虚假信息的传播。

2. 编辑审查

新闻的编辑审查是新闻报道过程中不可或缺的环节，它在保障信息质量、准确性和道德性方面扮演着重要角色。编辑审查确保了新闻在发布前经过仔细的筛选、修订和优化，以适应受众的需求，同时维护媒体的声誉和权威性。

(1) 编辑审查关注新闻报道的结构和组织。编辑会仔细检查文章的开头是否能够吸引读者，核实标题是否准确地传达了文章的核心信息。他们还会审查报道的逻辑顺序和段落之间的过渡，确保读者能够清晰地理解故事的发展和内在联系。

（2）编辑审查着重于语言和风格的优化。编辑会检查文章的语法、拼写和标点，以确保文章在语言上是流畅、准确的。他们还会考虑文章的风格是否符合媒体的写作准则，以及是否适应了受众的文化和背景。

（3）编辑还会审查报道中的事实准确性。他们会核实引用的数据、名字、地点等信息，以确保文章没有错误或不准确的内容。这种事实核实可以避免虚假信息的传播，维护新闻媒体的信誉。

（4）在编辑审查过程中，编辑还会考虑报道的客观性和平衡性。他们会检查文章中是否存在偏见、情感色彩过浓或片面的陈述，以确保报道是中立的，能够给读者提供多个角度的信息，让他们自行判断。

（5）编辑审查还需要关注报道的道德性和敏感性。编辑会审查文章中是否含有不适宜的语言、图像或内容，以及是否尊重了个人隐私和社会价值观。避免不当的内容可以保护读者免受不必要的伤害。

（6）编辑还会考虑新闻报道的时效性。他们会确保报道及时发布，以便读者能够及时获得重要信息。编辑可能需要在紧急情况下进行快速的决策，以确保新闻的及时性和准确性。

总之，新闻的编辑审查是一个综合性的过程，涵盖了信息的质量、准确性、风格、客观性、道德性和时效性等多个方面。通过编辑审查，新闻媒体能够提供高质量、可信赖的新闻内容，为读者提供有价值的信息，促进社会的理性讨论和进步。

3. 事实核实

在当今信息迅速传播的时代，新闻的准确性和可信度变得尤为重要。事实核实是新闻报道过程中至关重要的一步，它确保了新闻内容的真实性和客观性，防止虚假信息传播，维护了新闻媒体的信誉和可靠性。

事实核实是通过对新闻报道中的信息进行深入调查和验证，以确保所报道的事件、数据和细节都是准确的。这个过程通常涉及多个环节，包括采访多个来源、查找可靠的文献资料、确认相关数据和统计等。

（1）编辑会收集多个独立的来源，以核实报道中的信息。他们会寻求权威专家、目击者、官方文件、统计数据等不同类型的信息，以确保所报道的事件是真实的。多个独立来源的一致性可以增加信息的可信度。

（2）使用开放式的公共数据库和官方发布的资料可以帮助验证信息的准确性。这些数据通常是由政府、国际组织、学术机构等发布的，经过严格的审核和验证，可以作为事实核实的重要依据。

（3）对于涉及敏感信息或有争议性的报道，编辑可能需要进行深入的调查。这可能包括采访多个当事人，分析不同的观点和证据，以获得更全面的信息。此外，编辑还可以查找过去类似事件的报道和背景资料，从而更好地理解事件的背景和上下文。

（4）在事实核实过程中，编辑还需要警惕虚假信息和假新闻。他们应该使用可靠的新闻来源，并注意一些常见的虚假信息传播模式，如未经证实的传闻、断章取义的引用等。通过谨慎和深入的调查，可以防止虚假信息被错误地传播出去。

总之，新闻的事实核实是保障新闻报道准确性和可信度的重要步骤。通过采访多个来源、查找可靠数据、深入调查和警惕虚假信息，新闻媒体可以提供真实、客观和可信的新闻内容，为公众提供有价值的信息，推动社会的理性讨论和进步。

4. 法律审核和道德审核

新闻报道在发布之前需要经过严格的法律审核和道德审核，以确保内容合法合规，同时尊重社会价值观和伦理准则。这种审核是维护新闻媒体的声誉和信誉，保障社会公众权益的关键步骤之一。

（1）法律审核是确保新闻内容遵守法律法规和法律原则的重要环节。在法律审核中，编辑和法律顾问会审查报道中是否存在侵犯隐私权、诽谤、诬告、侵权等违法行为。他们还会评估报道是否揭示了机密信息、儿童保护等敏感内容。法律审核还需要关注版权问题，以确保引用的文字、图片和视频不会侵犯他人的知识产权。通过法律审核，新闻媒体可以避免潜在的法律风险，防止因报道违法而面临法律诉讼。

（2）道德审核则关注新闻报道的伦理准则和社会价值观。在道德审核中，编辑和伦理顾问会评估报道中是否包含不当的语言、图像或内容，以及是否尊重了受众的情感和隐私。他们还会检查报道是否存在歧视、偏见、不实陈述等问题，以确保报道是公正、中立和诚实的。道德审核还需要考虑新闻的社会影响，确保报道不会造成不必要的恶劣影响。通过道德审核，新闻媒体可以提供负责任的新闻内容，增强受众的信任感。

（3）在法律审核和道德审核过程中，编辑和审核人员需要密切合作，确保新闻内容既合法合规又符合伦理要求。他们可能需要就某些问题进行讨论和决策，以平衡新闻的价值和风险。在审核中，他们还可能需要与法律专家和伦理学家进行合作，以获得专业意见和建议。

总之，新闻的法律审核和道德审核是确保新闻报道合法合规、负责任和受众友好的重要步骤。通过法律审核，新闻媒体可以避免法律纠纷和风险；通过道德审核，新闻媒体可以提供尊重受众和负责的报道，为社会提供有价值的信息，促进社会的理性讨论和进步。

5. 主编审阅

新闻的主编审阅是新闻报道流程中的关键环节,其重要性不可低估。主编作为媒体团队的领导者,负责对新闻内容进行最终的审核和决策,以确保报道的质量、准确性和可信度。

(1)主编审阅首先关注新闻报道的整体质量。主编会检查报道的语言表达是否流畅、准确,以及标题是否能够准确地概括文章的主题。他们还会审查报道的结构和逻辑,确保信息的呈现方式能够清晰地传达事件的发展和内在联系。

(2)在主编审阅过程中,信息的准确性是至关重要的。主编会仔细核对报道中的事实、数据和引用,以确保它们是可靠、经过核实的。这种事实核实可以避免虚假信息的传播,维护新闻媒体的信誉和可信度。

(3)主编还会关注报道的客观性和平衡性。他们会检查报道中是否存在偏见、情感色彩过浓或过度渲染的内容,以确保报道是中立的,不会给读者带来误导。主编可能需要对报道进行必要的修订,以确保各种观点都得到适当的呈现。

(4)在主编审阅过程中,道德问题也是一个重要的考虑因素。主编会确保报道遵循伦理准则,不会造成不必要的伤害或争议。

(5)此外,主编审阅还需要考虑新闻报道的时效性和紧急性。主编可能需要在短时间内做出决策,确保新闻及时发布,以满足受众的需求。在这种情况下,主编需要在保证质量的前提下尽快完成审阅。

总之,新闻的主编审阅是保障新闻报道质量和可信度的最后一道防线。通过检查语言质量、信息准确性、客观性、道德性和时效性,主编可以确保新闻媒体提供真实、准确、公正且有价值的报道,为受众提供有益的信息,推动社会的理性讨论和进步。

6. 批准发布

新闻的批准发布是新闻报道流程中的最后一步,是确保新闻内容最终发布前经过全面审核和确认的关键环节。这个步骤涉及编辑、主编、法律顾问和其他相关人员的合作,旨在保证报道的准确性、可信度和合法性。

在完成综合审核后,主编通常会进行最终决策,决定是否批准新闻报道的发布。这个决策可能涉及权衡新闻价值、准确性、法律风险和社会影响等多个因素。主编可能会根据审核结果做出调整或建议,以确保报道的质量和可信度。

一旦新闻报道获得批准发布,它就会被送往出版部门或发布渠道,准备正式发布给公众。这一过程需要确保发布的格式、排版和传递方式都是正确的,以确保读者可以方便地获取和理解信息。新闻的批准发布是保障新闻报道质量、准确性和可信度的最后一道关口。通过再次审核、法律审查、道德考量和最终决策，媒体可以确保发布的新闻内容是真实、准确、公正且有价值的，为受众提供有益的信息，推动社会的理性讨论和进步。

总之，审核与批准的程度和严格程度可能因媒体机构而异。有些机构可能会有更多层级的审查流程，而其他机构可能会更加注重快速发布。无论如何，确保新闻内容的准确性和可信度始终是新闻传播流程中的核心价值之一。

（二）融媒体时代下的新闻审核与批准优化措施

随着信息技术的迅猛发展，融媒体时代让新闻审核与批准成为一个更为复杂和重要的挑战。为了保障信息的准确性、客观性和合法性，需要采取一系列的优化措施，以适应这一新的媒体格局。

第一，新闻机构应该建立更加严格的内部审核机制。在融媒体时代，新闻传播速度加快，容易造成信息的不实传播。因此，新闻机构应该设立专门的审核部门，对新闻稿件进行深入审查。审核人员应具备较高的素质和专业背景，能够准确判断信息的真实性和合法性。此外，新闻机构还可以引入新闻编辑软件和人工智能技术，辅助审核工作，提高审核的效率和准确性。

第二，加强新闻从业人员的伦理和法律教育。在融媒体时代，新闻从业人员往往承担着更大的责任，他们的言论和行为直接影响着公众的认知和情绪。因此，新闻从业人员应该接受相关的伦理和法律培训，明确自己的职业道德底线，遵循新闻传播的伦理规范，不发布虚假、夸大、歪曲的信息。

第三，新闻机构应该积极倡导多元化的信息来源。在融媒体时代，信息来源广泛多样，但也容易出现信息的偏颇和单一。为了避免信息的片面性，新闻机构应该主动与各类信息提供者合作，获取多元的观点和数据。这有助于新闻报道更加全面客观，减少信息失真的可能性。

第四，新闻机构还应该借助技术手段，建立更加高效的信息核实系统。随着网络虚假信息的泛滥，新闻核实变得尤为重要。新闻机构可以利用人工智能技术，对新闻信息进行快速的真假辨别。同时，也可以借助区块链等技术手段，确保信息的来源可追溯和可信度。

第五，政府部门也应该在新闻监管方面加大力度。在融媒体时代，新闻传播涉及社会稳定和公共利益，因此需要有更加有效的监管机制。政府可以制定更加明确的法律法规，规范新闻传播的行为。但监管应该坚持依法依规，避免对新闻自由的过度干预。

总之，在融媒体时代下，新闻审核与批准面临着新的挑战和机遇。通过建立严格的内部审核机制、加强从业人员的伦理教育、倡导多元化信息来源、借助技术手段建立信息核实系统以及加强政府监管，可以有效优化新闻审核与批准的流程，确保信息的准确传播，维护社会的和谐稳定。

五、融媒体时代下的新闻发布

传统的新闻发布方式已经不再能够满足信息传播的需求，新闻机构不得不适应融媒体的趋势，以更加多样化和多渠道的方式传递新闻内容。在这个充满挑战和机遇的时代，新闻发布面临着许多新的变革和转型。

（一）融媒体时代下的新闻发布的特点

第一，融媒体时代的新闻发布具有多元化特点。过去，新闻发布主要通过报纸、电视和广播等传统媒体进行，而现在，互联网、社交媒体、移动应用等新兴媒体成为重要的信息传播平台。新闻机构需要将新闻内容适应不同平台的特点进行定制，以便更好地吸引受众的注意力。在融媒体时代，新闻发布已经从单一的信息传递转变为多元化的内容呈现，包括文字、图片、音频、视频等多种形式，以满足受众的多样化需求。

第二，融媒体时代的新闻发布更加注重实时性和互动性。互联网的快速传播特点使得新闻机构必须迅速捕捉事件的发展动态，并以更快的速度进行报道。社交媒体平台的兴起也使得受众可以实时获取并分享新闻内容，新闻发布必须更加迅速地响应和适应这种趋势。此外，新闻发布也更加强调与受众的互动，通过评论、点赞、分享等互动方式，增强受众的参与感和黏性，提升新闻内容的传播效果。

（二）融媒体时代下新闻发布的优化策略

在融媒体时代，新闻发布面临了许多挑战和机遇，需要采取一系列的优化策略来适应快速变化的媒体环境和受众需求。

第一，多平台发布。在融媒体时代，人们使用各种不同的平台获取信息，包括社交媒体、新闻网站、移动应用等。新闻机构应该在多个平台上发布内容，以满足不同受众的需求。比如广播在不断地融合发展中逐渐形成了"传统广播电台+移动网络电台+自营 App+微信公众号+小程序+官网"的传播矩阵，针对不同的传播渠道，进行差异化的内容传播，并且根据不同渠道的传播特点，实现优势互补，共同打造立体化的新闻分发体系。

第二，个性化内容。基于用户的兴趣、地理位置和行为数据，定制化内容可以更好地吸引受众。利用数据分析和机器学习技术，为用户推荐他们可能感兴趣的新闻内容。

第三，多媒体元素。在新闻报道中使用丰富的多媒体元素，如图片、视频、互动图表等，可以增加内容的吸引力和可读性。这有助于更好地传达信息，使受众参与度更高。

第四，即时性和实时互动。融媒体时代要求新闻发布更加迅速，以抢占信息更新的优势。实时报道、直播以及与受众的互动，如投票、评论和问答，能够增强受众的参与感。

第五，跨界合作。融媒体时代鼓励不同领域的合作，可以从其他领域获取新闻的视角，创造更多元化的内容。与专家、学者、艺术家等进行合作，可以为新闻报道增添深度。比如为保留报纸的阅读性，其一可以增加权威发布和权威求证新闻，来帮助人们破除谣言；其二可以挖掘过往的数据，报道"旧闻"，通过图形化呈现数据，揭示数据背后的原因和意义。

第六，社交媒体整合。社交媒体是传播信息的重要渠道，将新闻内容与社交媒体整合，鼓励受众分享、评论和参与讨论，有助于扩大新闻的影响力。

第七，数据驱动决策。利用数据分析工具，跟踪读者的点击、阅读时间、转化率等指标，了解哪些内容受欢迎，从而优化内容策略。

第八，移动友好。大部分人通过移动设备获取新闻，确保新闻内容在移动设备上有良好的显示效果，是至关重要的。

第九，品牌一致性。在不同平台发布的内容要保持一致的品牌风格和声音，以便受众能够在不同渠道上识别出特定的新闻机构。

第十，用户参与。鼓励读者参与新闻报道，如通过投稿、见证报道、意见征集等方式，增强受众的参与感和忠诚度。

总之，融媒体时代下的新闻发布已经发生了深刻的变革，新闻机构需要适应多元化、实时化和互动性的需求，通过技术创新、内容创新和合作整合来不断提升新闻发布的质量和影响力，为公众提供更加丰富、准确和有价值的信息内容。同时，也需要不断解决信息泛滥和虚假信息等问题，维护新闻生态的健康发展。只有紧跟时代的步伐，才能在激烈的竞争中脱颖而出，赢得受众的认可和信赖。

第三节　融媒体时代下的新闻传播创新措施

一、革新理念，整合新闻传播思维

第一，重视自身新闻传播理念的创新，不断提升新闻传播的时效性、准确性、趣味性。"融媒体时代，新闻传播要适应新形势新任务的要求，创新传播内容、手段和话语方式，实现新闻传播效果的最大化，推动新闻传播事业的长足发展。"① 从新闻编辑工作者的理念创新来看，新闻编辑人员的创新意识是融媒体新闻内容能否获得公众关注与认可的重要保障，同时也是体现新闻编辑人员专业技能的重要表现。新闻编辑工作者须重视对自身创新意识的培养和树立，从思维观念、新闻内容创新两个方面出发，在重视舆论导向、价值取向的同时，深入挖掘最具价值的核心内容，贴近实际、贴近生活、贴近受众，既推动社会正能量的传播，又使舆论引导见到实效。

第二，从新闻传播内容的创作来看，新闻传播内容的创作应重视报道内容的创新。具体可以从精简报道内容、精准报道语序、提炼报道语句等角度对内容进行创新，对不同的新闻线索进行深度挖掘，多角度向受众群体展现其他层面的新闻价值内容。

第三，从新闻传播载体的创新来看。融媒体视域下，观众对于新闻了解的认知力度在不断提升，传统的新闻传播载体已经无法满足人们对于新闻内容的实际需求。因此，新闻传播中应重视传播载体的创新，在实际传播过程中充分发挥融媒体技术的优势。

二、优化内容，拓宽新闻传播层次

融媒体视域下，新闻传播内容的创新是整个新闻传播中最重要的一个部分，因此，在提高新闻传播力与坚持以内容为王的基础上，需要不断提升新闻内容的质量。

第一，结合不同传播平台和传播渠道的特点，传播具有针对性的新闻内容，以满足不同平台受众群体的实际需求。例如，《四川日报》川观新闻客户端自 2014 年上线以来，通过以"智能+智慧+智库"的报道方式，逐渐以主流化、年轻态的特色不断拓展自身新闻内容的报道方式，向观众呈现出许多优秀的作品，体现了报道创意化、内容视觉化、角色智库化等特点。

第二，重视可视化新闻传播的深度。随着 5G 网络的广泛应用，当前人们获取信息变得更加高效，同时对于新闻传播的内容与方式也提出了更高的要求。因此，融媒体背景下，新闻传播应重视将各种主流新闻播报形式有效应用于其中，增加可视化的传播方式，从而赢得更多受众的喜爱。例如，在报道方式的选择上，可以直接借助当前发展较好的网络直播，利用直播的优势对社会广泛讨论的热点话题进行跟踪报道，在第一时间向受众群体展现事件的真实发展态势，从而正确引导舆论。

---

① 肖邓华. 融媒体视域下的新闻传播研究 [J]. 新闻传播，2023（09）：47.

三、构建平台，加快新闻传播的速度

融媒体背景下，无论是传统的新闻媒介还是受众群体，在新媒体的冲击之下，其自身理念已经受到较大的影响。

第一，重视对于融媒体平台的搭建，采用新媒体技术和理念，采取在线留言和实时互动等方式，和大众加强交流沟通，实现反馈信息、了解人们对新闻的需求和期望的目的。具体可以借助计算机、移动智能终端、信息技术等优势对传统新闻传播渠道进行创新和优化，克服传统新闻传播渠道的劣势，助力融媒体技术在新闻传播中得到更好的应用。

第二，在搭建融媒体平台的基础上，还应重视对新闻传播效果的提升。借助当前受大众欢迎的手机 App、无线电视、网络等多种传播渠道，将新闻内容全方位地传播给观众。同时，还需要增加与观众之间的交流与互动，以便获得最新反馈。在互动的过程中，新闻传播媒体和用户间的距离被缩短了，有助于媒体传播力的进一步提高。

四、挖掘亮点，突出新闻专业化

因新闻传播本身具有较强的专业性，在对现阶段热点新闻的亮点内容进行集中报道时，应当以主题为中心，以发散性思维进行策划，使报道更接地气。具体的实施策略和创新路径可从以下两个方面进行。

第一，新闻媒体人借助融媒体平台传播精确化、透明化的优势，将其作为自身新闻传播的主要载体，在最短的时间提供便捷有效的信息，使得新闻亮点能够及时呈现在受众眼前，体现出亲民化的新闻传播特点。

第二，挖掘新闻亮点创新策略的实施需要结合新闻的本质内容进行定位选择。以地方新闻平台为例，新闻亮点的挖掘需要兼顾地域性，遵循新闻的接近性原则，以本地受众群体关注的热点话题为主，联合各融媒体平台，如抖音直播、微信公众号、微博官方号等，对某一时间段发生的重大事件进行集中和跟踪报道。通过这样的方式能够打通传统媒体和新媒体与受众之间的壁垒，实现共赢，同时也能极大地增强用户黏性。

五、借助融媒体优势，创新传播方式

融媒体时代，传统新闻传播中存在的新闻资源共享不足的问题正在发生改变，且现阶段的竞争正在由新闻资源的竞争向策划与创意的竞争过渡。因此，融媒体视域下，对现阶段新闻传播的实施路径以及创新策略进行分析，转变传统新闻传播方式，将新闻变平凡为新鲜，变枯燥为生动，变肤浅为深刻，是一个综合性课题，在其中涉及的创新深度以及内

容等需要综合探讨。新闻媒体人在新闻传播创新的过程中要借助融媒体的优势，结合新闻事件的本质特征找到相应的创新传播方式。

信息碎片化时代，要实现优质传播，报道须找准新闻事件与受众群体之间的切合点。传统的新闻传播较为严肃，受众群体在观看新闻时无法体会新闻的乐趣，而绝大部分新闻内容与受众群体的生活又有着密切的关联。因此，创新新闻传播的方式应以贴近性、服务性为出发点进行策划，第一时间抓住受众群体的眼球。借助融媒体，新闻传播可以变得更轻松、活泼、有趣，进而达到在大众中快速普及的效果。

第四节　融媒体时代下的新闻传播人才培养

一、融媒体时代下的新闻记者培养

融媒体时代的到来，意味着人们拥有更多获取信息的途径，拥有多样便捷的沟通方式。新闻记者，不仅需要过硬的基本职业素养，还需要在未知的领域进行探索，从而以全新的姿态迎接融媒体时代的机遇和挑战。

（一）融媒体新闻记者的从业要求

融媒体时代的到来改变了传统媒体新闻报道的格局，对新闻记者提出了更高的从业要求。融媒体新闻记者面对海量的信息和复杂的受众，该如何做好本职工作，值得我们进一步探究。在探索融媒体新闻记者从业要求之前，我们需要先了解记者的类型，以及融媒体时代记者应该具有的品质。

1. 记者的类型

（1）专业记者。专业记者是指专门采访报道某一领域的记者。比如专门采访报道工业领域的记者，称"工业记者"；专门报道医学领域的记者，称"医学记者"；等等。专业记者一般是以两种形式出现的，一种是专门的记者，一种是采编合一记者，后者人数占了相当大的比例。

（2）机动记者。机动记者是根据任务的安排来形成的，与专业记者最大的不同是他们报道的类型更多样化，也不像地方记者那样常驻一个地方，他们有点类似特派记者，根据任务的要求进行安排，有些直接接受总编辑部的安排。机动记者工作地点灵活，工作任务多样，哪里需要就去哪里，灵活机动，随叫随到。

（3）特派记者。特派记者是根据采访任务的需要，按编辑部的要求特意派遣的记者，不属于编辑部，是社、台外的工作人员，应约完成社、台一定的报道任务。

（4）融媒体记者。融媒体记者是指在融媒体环境下，拥有融合思维、创新意识，利用新媒体并结合所在媒体平台进行一次性采集，制作出符合融合新闻语境下跨媒体传播要求的新闻作品的记者。媒体融合包括了体制、技术、管理、新闻生产等多方面的融合，所以融媒体记者也是融合多种技能，能够熟练驾驭多个题材、体裁，生产出有厚度的新闻产品的一专多能的新型传媒人才。

2. 融媒体记者的特点

互联网的发展重构了传媒生态和舆论生态，融媒体记者的信息采编工作也随之发生变化，与传统媒体时代的记者相比，融媒体记者要掌握更多的技能，如对各种碎片化信息进行整合、核实、解释分析以及分发的能力。融媒体记者需要根据受众习惯，进行新闻产品内容设计，以此保证新闻产品的品质。

（1）融媒体视野。融媒体记者需要充分发挥融媒体"融"的功能，充分发挥融媒体记者"融"的思维，将各种有助于受众解读信息的方式进行融合，把握传播规律，时刻追踪后台数据，才能生产出具有高品质的新闻产品。作为融媒体记者，必须有融媒体思维，虽然不需要达到"全才全能"，但必须具备融媒体视野。

（2）新媒体技能。新时代的融媒体记者需要充分掌握运用各种媒介的能力，不仅要掌握各种新媒体的操作技能，还要能够不断地学习和充分发挥综合的能力，能够对管理、运作、发布、效果反馈等环节进行综合管理，运筹帷幄。新媒体技能是融媒体记者安身立命之本，也是其最基础的从业要求。

（3）用户理念。融媒体时代是依靠数据争夺阵地的时代。在传统媒体时代，受众和媒介之间的信息传输是不对称的，地位是不对等的。融媒体新闻产品更注重市场的影响力，融媒体记者在采集内容时就要尽可能预测新闻产品的市场效果，以满足读者的心理预期。

（4）服务观念。在移动传播时代，智能手机的广泛使用使受众与信息的接触距离更加接近，受众不仅是信息的接收者，也是信息的传输者。融媒体环境下的新闻工作者需要充分考虑受众对信息的需求程度和对信息的分类管理，为受众提供合格的信息产品，这既是融媒体平台建设的基础，也是融媒体新闻工作者的素养之一。

3. 融媒体记者的能力

（1）善于提问的能力。作为融媒体记者需要通过不断学习来提升自己的能力，因为融媒体技术的变化异常迅速，伴随着技术的变化，信息也会发生变化。融媒体新闻对时间发布要求近乎时时在场，所以新闻采访的能力就显得尤为重要。在采访过程中，采取深度、灵活的提问方式获取新闻信息，是融媒体记者最重要的能力之一。

善于提问首先是指融媒体记者提问的方式要具有逻辑性。在人人都是传播者、人人都是记者的融合传播时代，清晰的提问逻辑是将专业的融媒体记者与其他业余人士区分开来的关键之一。其次是要对新闻采访的目标和主体进行引导。融媒体传播具有广泛性，这就要求融媒体记者讲好新闻故事，传播好中国声音。最后，熟练掌握采访提问的方式。在提问中有两种方式：①封闭式提问。采取封闭式提问方式，能够了解采访对象对新闻事件的看法，但是面对封闭式提问被访者回答受限程度较大。②开放式提问。开放式提问方式没有严格的限制，对于被访者来说，回答的范围比较广泛，但是在提问过程中，记者需要把握尺度，适当引导。

（2）勤于思考的能力。信息技术的发展使人们获取信息资源的渠道越来越多，同时新闻线索的获取途径也越来越广。融媒体记者要善于通过各种途径主动获取与采访有关的信息，同时要善于并勤于思考，迅速判断新闻信息来源的真伪，做好信息收集的第一层把关。

勤于思考还表现在采访过程中，时刻思考被访者所说所想，做好舆论引导。因为在融媒体时代，技术的发展使得舆论环境变得越来越复杂和多元化，作为融媒体记者要及时跟进被采访者的言行进行引导，以明确的政治立场和正确的价值取向引导社会舆论发展方向，对新闻事件及时进行真相还原，进而促进新闻行业的健康可持续发展。

（3）耐心倾听的能力。采访对象不是专业记者，他们在叙述事情的过程中大多很难具有新闻敏感度，难以主动挑选出有价值的新闻素材。他们通常是边回忆边叙述，可能有时候还加上自己的主观认识、想法和观点等，说得高兴时滔滔不绝，较少考虑记者对新闻信息的需求。对于记者来说，面对采访对象的叙述需要保持耐心。记者用心倾听的状态会给采访对象营造一种良好的谈话氛围，利于采访者表达所见所闻。一般来说，记者不能粗暴地中途打断采访对象的谈话，也不能表现出不耐烦、不在意。记者一个漫不经心的动作可能引发采访对象复杂的心理活动，影响其谈话内容，有时甚至导致采访失败。但这并不是说，当采访对象跑题时，记者不可以用巧妙的问题加以引导。

（4）勇于创新的能力。融媒体时代的创新主要体现在两方面，一个是思维方式的创新，另一个是作品的创新。思维方式的创新，主要是指融媒体记者要有主动出击的意识。作品的创新，就是要创作更多的优质内容，满足受众需求。融媒体时代的竞争，说到底就是对传播受众的争夺。要赢得受众，就要求媒体必须能够提供具有个性和特色的新闻信息产品。所以，融媒体时代的记者必须具备敏锐的发现力和丰富的创造力，优化新闻产品，摒弃同质化报道，为受众提供形式别致、内容新颖，从视觉和感觉上让人耳目一新、念念不忘的优秀作品。

（二）融媒体记者的素质要求

融媒体时代下，专业素养不仅是记者职业的基本要求，更是该行业与其他行业性质差别的根本所在，因为记者要"做党的政策主张的传播者、时代风云的记录者、社会进步的推动者、公平正义的守望者"。不具备记者的基本素养，就无法适应融媒体的发展。

1. 完善的政治素养

对于融媒体记者来说，较强的政治素养是基本的要求。为了满足受众对新闻便捷性与新鲜性的要求，在众多新闻作品中占据有利的地位，一些融媒体记者放弃了新闻求真的本质，不顾政治大局扭曲新闻事实，甚至扭曲自己的政治立场。这是一种绝对错误的做法。作为融媒体新闻记者，需要具备较强的政治素养，首先要提高党性修养，始终保持政治思想与党中央一致，牢固树立对舆论去伪存真、保持权威并弘扬主旋律的意识。其次，要对党中央各个时期的文件实质有深刻的认识和领会，对大政方针有全面的把握，以把握新闻稿件的写作方向。最后，要具备极高的信息甄别能力，对于微信、微博、抖音等新媒体平台传递的信息，要及时准确地捕捉其核心内容，对于在其平台上发布的"低门槛"虚假消息、报道和负面新闻要及时进行舆论把控，及时发声，避免舆情恶化。

2. 良好的职业素养

融媒体记者要坚守职业道德素养，掌握基本的理论知识，具备基本的采写能力，永远对事物保有好奇心，仔细观察事物的发展变化，对社会充满责任感，对事件发展充满责任感。责任感，体现在新闻记者完成每一篇报道时，都敢于对自己的受众负责，敢于对自己所在的媒体负责。坚守职业道德，良好的职业道德不仅表现在对新闻事实的采访与报道中，还表现在融媒体新闻作品传播中，要平视强势群体，尊重弱势群体，采访任何事件和人物都应该具有人文关怀，发布任何融媒体新闻作品都要有职业操守；不仅要关注事件发展的过程，也要注重人物命运的起伏变化，不能为了采访而不顾被采访者的生命安全或给被采访者带来二次伤害，不能为了流量而不顾信息真假。

3. 广博的知识素养

融媒体时代的记者，知识面越广，就越能快速把报道引向重点，在短时间内将新闻信息引述到核心内容，使受众在阅读新闻时易于理解和吸收。

4. 坚持不懈的素养

融媒体记者在追求事实真相的过程中，要有坚持不懈的素养。坚持不懈体现在两个方面：①要有坚持不懈追求真理的意志力。②要有坚持不懈追寻真相的提问力。坚持不懈的意志力，表现在对事件发生的过程、结果、影响和以后预期的发展方向有不懈追踪的坚韧品质。坚持不懈的提问力，表现在对于在采访中遇到的各种疑问、艰难阻挠要有刨根问底的采访精神。

5. 完备的业务素养

融媒体时代信息发布要求更快，信息准确程度要求更高，这也对新闻采写的信息把关提出更高要求，同时对融媒体记者运用技术的熟练程度提出了更高要求。完备的业务素养包括新闻采编中坚守新闻专业素养和掌握多种技能素养。

（1）坚守新闻专业素养，坚持内容为王。技术带来了信息的变革，但是技术是为传播做辅助的，融媒体时代不能因为技术的变化而忘记传播的本质是信息传递。融媒体记者在采访实践中，坚持事件的真实性、客观性是第一要务。真实性是新闻的生命，没有了真实性，信息要素再齐全也不具备传播的条件，更不能称其为新闻。客观性是融媒体记者所要坚持的工作素养基础，在传播信息之时不能因为个人喜好而带有感情引导。

（2）掌握多种技能素养。融媒体时代对于记者的专业素养有了更高的要求，作为记者除了良好的文字功底以及语言组织能力，还要能够熟练使用其他采访设备，如多媒体工具以及计算机等。这不仅是掌握操作技术，还要有"基于需求的消费"技能，即如何向受众投其所好。"今日头条"就是根据受众平时所喜爱的阅读内容进行统计分析，然后推出受众所喜欢的新闻信息的，其标语是：你关心的才是头条。这就是融媒体时代新闻记者需要掌握的一项技能：同一组事件，记者需要根据不同的受众群体，分发不同的新闻作品，既要遵循新闻报道的要求，又要符合受众的"口味"。

（三）融媒体记者的培养方向

在新时代下，媒体融合发展成为新闻舆论工作的方向，取得了显著的发展成果。新的技术伴随着新的采集方式，铸就了融媒体的前世今生。但是，融媒体的继续繁荣，依然需要融媒体记者进行维护和创新，培养融媒体记者依然是时代的重任。

1. 敏锐的发现力

数字技术的发展和使用使得融媒体时代专业新闻报道和非专业新闻报道的边界变得越来越模糊。网络传播具有广泛性、开放性和交互性，广大受众能够及时分享和接收互联网信息，传播的内容形式越来越多元化，这些因素势必会削弱新闻传播的引导力。因此，要想将新闻作品做得具有影响力和感召力，就需要融媒体时代的记者具有敏锐的发现力。

敏锐的发现力是指融媒体记者对于发现新闻事实的敏感能力，又称为"新闻敏感"。融媒体记者的绝大部分技能是可以通过反复练习、实践得以提高的，新闻敏感却是最难培养的一种能力。融媒体记者在互联网时代必须具有较强的新闻敏感，要主动获取与采访有关的新闻线索，要时时刻刻浏览网站信息，如贴吧、论坛、微博、微信公众号等，对所得的新闻线索，不仅要挖掘背后的新闻事件，还要多方求证，特别是要向权威部门求证，确保新闻的真实性。

2. 准确的判断力

准确的判断力即对新闻线索的把关能力。日新月异的网络信息环境中，虚假信息和消息铺天盖地，作为融媒体记者必须有准确的判断力。融媒体记者的判断力主要体现在判断新闻线索是否真实可信的能力。

准确的判断力是融媒体时代的记者必备的技能之一。身处碎片化信息和虚假信息混杂的网络环境中，融媒体记者需要擦亮自己的双眼，在客观分析、踏实采访的基础上进行深度追问，要透过现象看本质。从一定意义上说，具有质疑、怀疑精神，才是新闻发现力的核心所在。

作为融媒体时代的记者不能不动脑筋地把采访对象的言论作为唯一可信的真理，持有质疑的态度，才能挖掘到别人采访不到的深度。在采访中进行求证，把质疑抛给对方，直到把困惑弄明白想透彻，才能把事件的来龙去脉讲述清楚、判断明白，让新闻作品更具有说服力。

3. 良好的执行力

融媒体记者的执行力主要体现在采访前期的准备工作和采访过程中。因为在融媒体时代，谁能第一时间发布最新最准确的消息，谁就是舆论的引导者。融媒体时代采访形式的多样化和传播者素养的差异化，导致信息发布方式的多元化。面对激烈的市场竞争，融媒体记者仍然要牢牢守住记者底线，应对挑战。

（1）创新新闻采访方式，打破传统采访模式。融媒体时代，各种媒体平台发展充分，如果遇到突发情况或危急事件，新闻采访从业人员可以打破传统采访模式，充分利用多种信息渠道，通过网络视频、在线交流、语音电话等多种方式对受访者进行采访。这种网络化的采访渠道既能为采访者和受访者提供一定的便利，提高新闻采访效率，又使得新闻采访报道方式多元化，吸引观众注意。当然，在平时的采访中，如果遇到被采访对象不能到场的情况，也可以使用网络采访，尤其是伴随着 5G 技术的发展，互联网的延时性越来越低，跨屏同时在场是融媒体时代的一种技术优势。

（2）提高采访效率。融媒体时代信息量巨大，信息来源多元化，记者必须提高采访效率。因为在融媒体时代，时间就是抢占流量的重要手段之一，当然在注重时效性的同时还要注重采访的质量。融媒体记者要充分掌握多元信息资源，时刻做好采访的准备工作，这样才可能在第一时间发布有价值、关注度高的新闻信息。

（3）创新新闻呈现形式。融媒体时代受众接受力是有限的，丰富多样的信息不断刺激着受众的感官，融媒体新闻作品应该增强对受众的感官刺激能力，才能让受众对新闻作品产生兴趣。我们可以运用可视化新闻的方式进行新闻编辑，保证新闻作品的直观性，满足受众的新闻期待视野。同时，在新闻报道中坚持积极思考时代与舆论发展的新方向，在全面深入调查的基础上总结新闻事件的亮点，从而保证新闻报道的独特性与时代性。

互联网的互动性和开放性决定了一个新闻作品的刊发或播出只是传播的开始，好的新闻报道可以引起网民共鸣，引发广大网民共同参与、分享传播。

二、融媒体时代下的新闻传播团队的建立

融媒体新闻传播团队要紧跟时代步伐，始终保持清醒的头脑，坚持正确的原则和明确的目标，做出科学、合理的职业规划，这是当下时代赋予融媒体新闻传播团队所必需的职业准则。

第一，培养团队的信息服务意识。融媒体团队建设要增强信息服务意识和服务受众的意识，这样才能扩大职业格局，提高竞争力。在坚持党性和人民性的同时坚持真实性原则，坚持主流媒体定位，优化团队的报道意识，增强团队的信息服务意识。一方面，用权威、真实、有深度的"长版"报道来体现融媒体的舆论引导能力和社会责任感；另一方面，通过网络传播技术、大数据分析、专家智库等建设手段摆脱思维定式、发掘新闻报道的亮点，以社会主义核心价值观为核心，做好融媒体时代有吸引力和感染力的正面宣传。

第二，培养团队人员的认识，实现真正的融合。内容和技术的主从关系一直是传媒业界的焦点问题。技术的重要性日渐凸显，从辅助工具的角色上升到了几乎和内容同等重要的地位，这是一个不争的事实。随着媒体融合发展力度的不断推进，技术和内容也逐渐融合。为此，我们应该看到媒体融合已经从技术融合转向技术服务内容的融合。为此，融媒体团队仍需要深耕内容与技术的进一步融合。

第三，培养团队成员不断学习的能力。融媒体时代，社会职能分工不断细化，融媒体团队需要时刻保持谦虚谨慎的心态，在不断提高自身专业素养的基础上，居安思危，转换职业身份，分析当前市场环境和发展行情，把握融媒体发展的趋势，加强理论学习，跟踪最新资讯与政府政策解读，不断提高融媒体团队的综合素质，强化对紧急突发事件的处理

能力，力争走在传播信息的最前沿。在新闻产品的数字化生产中，融媒体团队的各位成员都要熟练掌握工作所需要的技术要求，掌握图文、视频等媒体产品的编辑技能，还要掌握多媒体平台的编辑发布技术，不断学习新的技术，实现内容的精良制作和读者的互动反馈，为实施数字化发展战略的融媒体生产打下良好基础。

第四，培养团队的营销能力与沟通能力。出色的营销能力是实现媒体行业品牌建构的基础动力，即通过统筹、利用内外资源满足目标受众，以实现自身生存和持续发展的一种能力。融媒体团队作为媒体品牌打造中最关键也最活跃的因素，其核心能力的高低直接决定了媒体品牌的成败，因此，培养团队的营销能力与沟通能力是树立品牌效应的关键一步。良好的沟通能力也是融媒体团队建设中必不可少的能力，团队人员互信互动才能创作出优质的信息产品，才能被受众喜欢，因此只有具备良好的表达、沟通能力，融媒体团队建设才能逐步完善。

第五，培养团队讲故事的能力。讲故事的能力是记者在媒体融合时代的核心竞争力。现在自媒体短视频非常火爆，其内容本质大多是讲故事。在热点事件面前，人们总是爱看别人怎么说、怎么评论，因此融媒体记者要讲好故事，提供优质的内容，才能成为融媒体时代的舆论领袖。融媒体时代新闻报道视频常态化，对于突发事件、重大事件，直击现场的视频直播是最快、最好的报道手段，这就要求记者掌握直播时的解说能力，需要在短时间内传播出最准确、最吸引受众的话语。讲好中国故事，传递中国声音，也是新时代赋予融媒体团队的职业要求。

第三章 融媒体时代下电视传媒新闻传播的优化与商业实践

第一节 电视传媒的发展与新闻传播要点

一、电视传媒的发展

电视传媒是指通过电视这种广播媒体进行信息传播和内容呈现的活动。它涵盖了电视节目的制作、播放、传输，以及相关的广告、新闻、娱乐、教育等内容的传递。电视传媒不仅包括了传统的有线和卫星电视广播，也包括了网络电视、流媒体服务和视频分享平台等新兴的媒体形式。

（一）电视传媒的演变

电视传媒的发展经历了多个阶段，从最早的黑白电视到今天的高清、4K甚至8K超高清电视，同时也包括了传播技术、内容形式和商业模式的不断创新变化。以下是电视传媒发展的主要阶段和特点：

第一，实验阶段（1920—1930年）。早期的电视传媒是在实验室环境中进行的，图像和声音的传输都非常初级。

第二，黑白电视时代（1940—1950年）。该时期后，电视技术得以迅速发展。黑白电视成为家庭娱乐的一部分，电视节目的制作和广播也逐渐兴起。这个时期，电视主要以新闻、娱乐节目为主，节目内容相对有限。

第三，彩色电视时代（1960—1970年）。20世纪60年代，彩色电视技术的引入使得电视画面更加生动。电视节目的多样性逐渐增加，涵盖了剧集、电影、体育赛事等内容。这个时期也见证了电视广告业的蓬勃发展。

第四，有线和卫星电视时代（1980—1990年）。有线电视和卫星电视技术的发展使得观众可以接收更多的频道和内容，促进了电视传媒的多样化。有线电视的出现带来了更多的娱乐和信息选择，同时也推动了电视频道的专业化发展。

第五，数字化和高清时代（2000—2009 年）。数字化技术的普及使得电视信号的传输更加稳定，高清电视（HDTV）的推出提升了观众对画质的需求。同时，互联网的兴起也催生了网络电视和流媒体服务，改变了人们获取内容的方式。

第六，4K、8K 和智能电视时代（2010 年至今）。近年来，超高清（如 4K 和 8K）电视技术的发展提供了更高分辨率的画质体验。智能电视的兴起使得观众可以直接通过电视连接互联网，访问各种应用和在线内容。

第七，个性化和交互时代。随着人工智能和大数据技术的发展，电视传媒逐渐朝向个性化和交互化发展。智能推荐系统可以根据观众的兴趣推荐内容，而互动电视节目和虚拟现实技术也为观众提供了更丰富的参与体验。

总之，电视传媒的发展受到了数字化和互联网技术的深刻影响，经历了技术、内容和商业模式等多个方面的演进，不断满足着观众对多样化、高质量内容的需求。

（二）电视传媒的作用

电视传媒作为现代社会不可或缺的一部分，发挥着重要的作用，影响着人们的生活、文化、教育和社会观念，在信息传播、文化传承、教育培训、娱乐消遣等方面发挥着广泛而深远的影响。

第一，电视传媒是重要的信息传播工具。通过电视，新闻、时事、天气等信息能够迅速传递到社会的每一个角落。人们可以及时了解国内外的重大事件，增强对时事的了解和思考能力，从而参与到社会讨论和决策中。此外，电视也是窗口，让人们深入了解不同地域、文化和生活方式，促进不同群体之间的交流和理解。

第二，电视传媒在文化传承方面发挥着重要作用。电视节目包括电影、电视剧、纪录片等，可以传播各种文化价值观、道德观念和传统故事。这有助于保护和传承民族文化，让人们在娱乐的同时也能够接触到不同文化的魅力，促进文化多样性的发展。

第三，电视传媒在教育和培训领域具有显著影响。教育节目、纪录片和科普节目可以向观众传递知识和学习资源，扩展知识领域。尤其对于儿童和青少年，优质的教育节目能够激发他们的兴趣，培养他们的好奇心和创造力。电视也为远程教育提供了平台，让学习变得更加灵活和便捷。

第四，电视传媒在娱乐消遣方面起到至关重要的作用。各种综艺节目、娱乐节目、体育比赛等可以丰富人们的休闲时间，缓解生活压力，提供欢笑和愉悦。电视剧、电影等作品也让人们沉浸在虚拟世界中，体验各种情感和冒险。

总之，电视传媒作为一种强大的传播工具，影响着社会的各个层面。它在信息传播、文化传承、教育培训、娱乐消遣等方面都扮演着重要的角色。然而，我们也应该保持批判性思维，积极选择观看内容，避免盲目追随，以充分利用电视传媒的积极作用，推动个人和社会的进步与发展。

二、电视新闻的传播要点

"媒介融合为我国新闻传播提供了新的发展平台，改变了用户的消费习惯。"[①] 随着新媒体的快速发展以及媒介融合趋势的进一步深入，电视新闻是以现代电子技术为传播手段，以声音、画面为传播符号，对新近或正在发生、发现的事实的报道。电视新闻应积极顺应新媒体时代发展的规律，以受众为中心，进行新闻编辑、采访、写作等环节的创新，转变传统的电视新闻编辑思维，优化电视新闻的内容与形式；同时，利用新媒体等各种平台优势，最大范围内整合媒介资源，为广大电视观众提供更多高品质的电视新闻节目，直接促进电视新闻节目收视率的提升，从而实现电视媒体的可持续发展。

（一）电视新闻的含义

第一，电视新闻的信息内容表现、信息传播手段和信息传播载体要以现代电子技术为基础，以画面、声音等诉诸视觉与听觉的形象语言为信息表现形式和信息传播符号。这一层面的界定，使电视新闻区别于传统的报纸、杂志、广播等新闻信息，报纸、杂志新闻以诉诸视觉的文字符号为表现和传播载体，广播新闻以诉诸听觉的声音形象符号为载体，而电视新闻则以声音与画面等视听形象语言为载体，立体、综合地传播信息。从符号学的观点来分析，画面和声音所表达的内容是电视新闻的所指。

第二，电视新闻是对新近发生的或正在发生、发现的事实的报道。换言之，电视新闻是建立在非虚构基础之上的信息报道和传播，从而与电视文艺、电视剧等虚构类的节目类型区分开来。电视新闻是利用电子技术传播手段对事实的反映，是主观见之于客观事物基础之上的表现形式。电视新闻需要想象力，但是想象力也是建立在事实基础之上的。努力接近事实真相是电视新闻报道的目的，电视新闻工作者应对事实进行深入的研究、分析、报道，从而让观众无限接近事实真相。真实是电视新闻的生命，电视新闻既要保证事实的真实、节目的真实，同时也要透过现象看本质，达到本质的真实。

---

① 王金平. 主流媒体短视频新闻传播发展研究 [J]. 现代营销（信息版），2019（03）：190—191.

第三，电视新闻是信息的大众传播，是通过电视媒介来传播信息的，其信息的把关和控制具有"中心化"的特点。电视新闻区别于一般的信息交流、交换、交易，是对信息的大众传播，社会责任和主流价值蕴含其中。

（二）电视新闻节目的类型

电视新闻节目是电视传媒中一种重要的内容形式，通过图像、声音和文字等多种方式向观众传递新闻资讯和时事事件。根据内容、风格和目的的不同，电视新闻节目可以分为多种类型：

第一，新闻快报/新闻简报。这类节目通常是短小精悍的新闻汇总，以快速简明的方式播报当天或当时的重要新闻，提供核心信息，适合观众快速了解要闻。

第二，新闻直播/24小时新闻。这种类型的节目提供持续不断的新闻报道，涵盖国内外各类事件和突发状况。观众可以随时收看最新的资讯，了解时事动态。

第三，深度报道/特别节目。这类节目会对某一特定话题进行深入调查和报道，通常持续时间较长，涉及政治、经济、社会、文化等领域，探讨问题的多个方面。

第四，访谈节目。这种类型的节目邀请专家学者、名人、政治人物等来宾，与主持人进行访谈，就某一特定话题展开深入探讨，增加了分析性和互动性。

第五，亲历报道/纪实节目。这类节目通常是记者亲临现场，记录实际事件或生活场景，以纪录片的方式展现，用图像和声音还原真实情景。

第六，社会批判/调查报道。这种类型的节目关注社会问题、不正当行为等，通过调查和报道揭示问题，并促使社会关注和改变。

第七，金融经济新闻。专注于经济、金融领域的节目，分析股市、经济趋势、投资等内容，帮助观众了解金融市场动态。

第八，科技新闻。关注科技领域的最新进展，报道科技创新、科学发现以及与科技相关的事件。

第九，国际新闻。报道国际事务、国际关系、国际冲突等国际性事件，帮助观众了解国际局势。

第十，社会人文新闻。关注社会民生、人文艺术、文化活动等，传递关于人们生活和文化的信息。

（三）电视新闻的传播特征

1. 电视新闻传播的真实性

真实是新闻的生命。电视新闻必须恪守真实性原则，这是一切新闻媒介赖以生存和发展的最重要的基础，是赢得受众信赖的最基本的条件。

真实性是所有新闻报道共有的特性。但对电视新闻而言，在具体报道中还必须充分考虑电视多符号传播的特征，从声画局部信息到整个新闻报道都要真实准确。因此，电视新闻要确保每一个画面和同期声的真实可信，要能经得起亿万观众的审视，任何取巧和失实，都会损害电视新闻报道的可信度，甚至损害人们对于整个电视媒介的信任度。

电视新闻要做到真实，电视记者、电视编辑就必须坚持实事求是的作风。具体而言，电视新闻采编制作人员在采访新闻中，应该深入新闻现场，全面地了解新闻事实，努力摄取第一手声画材料。在编辑和制作新闻时，要顾及声音、画面等信息内容指向的一致性，不仅单一画面或声音是客观真实的，而且还要确保同期声、现场画面以及文字稿匹配后新闻信息整体的真实可靠。

2. 电视新闻传播的时效性

受众对时效的要求不断提高，时效是受众的需求，也是媒体竞争的重要方面。电视的优势技术占据着领先地位，直播已经成为电视新闻时效性的标志。新闻传播的时效，即新闻事实从发生到被报道传播开来之间的时间跨度。时间跨度长，时效性差；时间跨度短，时效性强。时效是构成新闻的一个重要元素，时效体现的是新闻价值。因此，时效性在新闻传播中占据越来越重要的位置。

电视新闻与其他大众媒体新闻相比，其时效性有着更丰富的含义：

（1）新闻传播迅速及时。电视新闻凭借微波技术、卫星通信技术、网络数字技术等现代科技，在新闻传播中可以获得比其他大众媒体更为快捷的传播时效。有学者将电视新闻的时效性称作"迅即性"，以此强调电视不但可以报道刚刚发生的新闻，而且可以同步报道正在发生的新闻。而与后者共时空的"现场直播"是最能体现电视新闻时效性特征的报道方式。

（2）电视新闻的时效性是一个不断发展的概念。从时效性角度看，电视新闻的发展史，其实就是一部人类不断逼近新闻发生第一时间的历史。电视采访方式的运用，简化了节目的中间环节，缩短了报道所需的时间，提高了电视新闻的时效性。电子现场制作方式则进一步使新闻报道与新闻事件处于同步状态，带给人们第一时间目睹新闻事件的全新的心理体验。

现在，电视新闻报道中越来越多地运用卫星传送信号、网络辅助报道和现场直播等技术，使电视新闻能够通过卫星、网络进入千家万户，使新闻的时效达到了与事件同步的程度。

尽管电视新闻传播有着报纸、广播等媒体无法比拟的时效优势，但仍需要传播者树立新闻时效观，重大新闻必须抢在第一时间发布。

3. 电视新闻传播的引导性

（1）电视新闻在时间和空间上的限制使得其必须在有限的时间内传达丰富的信息。因此，电视新闻往往会通过选题、画面和语言的组合，有意识地引导观众对特定事件或议题的关注。编辑们会在新闻报道中强调某些元素，忽略或简化其他元素，从而塑造出特定的信息框架，影响着观众对事件的理解和评价。

（2）电视新闻在视觉上具有强大的冲击力。画面、图表、视频等视觉元素的加入，能够直观地传达信息，引起观众的情感共鸣。这种视觉引导性传播能够通过精心选择的镜头、视觉效果等手段，强化新闻的表现力和感染力，进而潜移默化地影响着观众的态度和观点。

（3）电视新闻的语言表达也在引导性传播中发挥着关键作用。主持人、记者的措辞、语速、音调等都会影响观众的情感体验和信息理解。通过恰当的语言选择，电视新闻能够突出特定信息，强调某种立场，引导观众对事件的看法。

总之，电视新闻的引导性传播特征在于其通过信息的选取、表现形式的设计以及语言的运用，有意识地引导观众对特定事件、议题的关注和理解。这种引导性不仅仅是客观传播事实，更包含了媒体在传播过程中的主观选择和塑造，对公众舆论和社会认知产生着深远影响。

4. 电视新闻传播的广泛性

（1）电视新闻具有大众化的特征，能够迅速覆盖广大观众群体，把新闻内容送到几乎每个家庭、社区，乃至全球。这种广泛性传播特征使得电视新闻能够涵盖多样化的社会群体，在不同背景和兴趣的人群中传递信息，促进了信息的共享和社会的交流。

（2）电视新闻以其视觉化的特征，能够直观地传递信息，突破语言和文化的障碍。无论观众是否精通报道所用语言，他们都可以通过视觉图像、视频片段等来理解新闻事件的核心。这种视觉化的传播方式具有普遍的吸引力，能够吸引更多的观众，甚至可以跨越国界和文化差异。

（3）电视新闻还能够迅速响应事件，实现实时传播。当重大事件发生时，电视新闻往往能够迅速报道，通过实时直播、专题报道等方式，第一时间向观众传递最新信息。这种实时性的传播特征使电视新闻成为人们获取紧急信息的重要途径，提高了社会的应对能力和信息获取效率。

总之，电视新闻的广泛性传播特征在于其能够迅速覆盖广大观众群体，通过视觉化的方式突破语言和文化障碍，实现信息的即时传递。这种特征使电视新闻成为联结不同社会群体、推动信息传播和社会交流的重要力量。

5. 电视新闻传播的视听性

（1）电视新闻以其独特的视觉元素，能够通过画面、图像和视频等方式直观地呈现信息。这种视觉性传播使观众能够更加生动地了解事件的发展和现场情况。通过精心的拍摄和编辑，电视新闻能够将事件的重要细节表现出来，增强了信息的表现力和感染力，引发观众的兴趣和共鸣。

（2）电视新闻在声音传播方面也具有显著的特征。主持人、记者的语调、音量和语气等，能够为新闻内容增添情感和情绪色彩。音效、背景音乐等声音元素也能够营造出特定的氛围，进一步引导观众对新闻事件的情感体验和理解。

（3）电视新闻通过快速剪辑和切换画面的方式，能够在短时间内传递大量信息，强化信息的吸引力。这种快节目的视听性传播方式能够捕捉观众的注意力，使其更容易集中注意力，从而更好地接受和理解新闻内容。

总之，电视新闻的视听性传播特征在于其通过丰富的视觉元素、生动的声音传播以及快节奏的剪辑方式，使信息更加直观、感性和引人入胜。这种特征使电视新闻成为一种能够迅速吸引观众并传递信息的有效媒介，对于推动信息传播和影响公众舆论具有重要作用。

6. 电视新闻传播的娱乐性

（1）电视新闻在内容选择和呈现上注重故事性和情感因素，以吸引观众的兴趣。新闻报道不再仅仅呈现事实，而是越来越注重通过人物故事、情感表达等方式来传达信息。这种情感化的呈现使观众更容易产生共鸣，更愿意关注和参与。

（2）电视新闻在形式上借鉴了娱乐节目的元素，如图表、动画、特效等，增加了新闻内容的吸引力和趣味性。这些视听效果能够使新闻更生动、活泼，从而吸引更多的观众关注。此外，一些轻松幽默的表达方式也在一定程度上减轻了新闻传播的紧张氛围，增加了观众的观看体验。

（3）电视新闻通过采用多样化的报道形式，如人物专访、社会调查、生活趣闻等，增强了新闻的娱乐性。这些特色报道能够让观众更好地融入信息传播中，使其既能获得知识，又能在轻松愉悦的氛围中度过观看时间。

总之，电视新闻的娱乐性传播特征在于其选择了故事性、情感化的呈现方式或增加了娱乐元素等，使新闻更具趣味性和吸引力。这种特征不仅能够吸引更多观众的关注，还能够提升观众的参与度和新闻传播的影响力，进一步丰富了传媒领域的多样性。

7．电视新闻传播的互动性

（1）电视新闻在内容呈现方面倾向于更加多元化和更具参与性。与传统的单向传播不同，现代电视新闻注重引入互动元素，如实时投票、在线调查等，使观众能够更直接地参与到新闻话题中。这种互动方式不仅能够增加观众的参与感，还能够激发公众对于社会事件的讨论和反思。

（2）电视新闻通过社交媒体等在线平台，扩展了传播渠道，增强了与观众的互动。许多新闻节目引入了社交媒体的互动环节，观众可以通过评论、点赞、分享等方式与新闻内容进行互动。这种跨平台的互动性传播使新闻更贴近观众，能够在更广泛的范围内引发讨论和共鸣。

（3）电视新闻也在一些节目中推出线上互动活动，如网络问答、话题讨论等，让观众能够在新闻事件中发表自己的意见和看法。这种互动性传播不仅加强了观众的参与感，也促进了新闻内容的多样化和深入探讨。

总之，电视新闻的互动性传播特征体现在内容多元化、观众参与、社交媒体互动等方面。这种特征不仅丰富了新闻传播的形式，也使观众更积极地参与到信息传播中，从而促进了公众的舆论交流和社会的民主参与。

8．电视新闻传播的教育性

（1）电视新闻在内容选择上注重传递有益的知识和信息。除了报道热点新闻和事件，电视新闻还经常关注社会问题、科技发展、文化传承等领域，通过深入的报道和分析，向观众传递专业知识和见解。这种内容选择强调了新闻的教育功能，使观众不仅能够通过观看新闻了解时事，还能够拓展自己的知识面。

（2）电视新闻在报道角度上往往从教育的角度出发，引导观众深入思考和探讨。新闻节目会通过专题报道、纪录片等形式，深入探讨社会问题、科学研究等议题，激发观众的思考和学习欲望。这种深度的报道不仅丰富了观众的认知，还促进了公众对于重要议题的关注和理解。

（3）电视新闻在呈现方式上也注重以教育为目标。一些新闻节目会采用讲解、解读的方式，对复杂的事件和概念进行解析，使观众能够更好地理解和消化信息。同时，专家访谈、学术讨论等环节常常出现在新闻节目中，为观众提供专业的观点和见解。

总之，电视新闻的教育性传播特征体现在内容选择、报道角度和呈现方式上。通过传递有益的知识和信息、深入探讨社会问题、引导观众思考等方式，电视新闻在促进观众学习、扩展知识领域、提升社会素质方面发挥了重要的作用。

9. 电视新闻传播的创新性

（1）电视新闻在内容上呈现出创新性。传统的新闻报道通常关注事件本身，而现代电视新闻不仅关注事件本身，还注重挖掘背后的故事、原因和影响。通过深入报道和调查，电视新闻能够揭示事件的多个层面，使观众更全面地了解事情的背景和内涵。

（2）电视新闻在形式上不断创新，采用多样化的表现手法来吸引观众。比如，虚拟现实技术、增强现实技术等被应用于新闻报道，让观众身临其境地感受事件现场。此外，动画、图表、数据可视化等方式也常常被运用于新闻报道，使新闻内容更生动有趣，更易于理解。

（3）电视新闻通过多平台传播方式，实现了跨界多领域的创新。随着社交媒体的兴起，许多电视新闻节目将内容拓展到在线平台，通过直播、短视频等方式与观众互动。这种多平台传播不仅扩大了新闻的受众范围，还促进了新闻传播形式的创新。

总之，电视新闻的创新性传播特征在于内容的深入挖掘、形式的多样化、传播方式的多平台化。这种创新不仅丰富了新闻传播的形式，还能够更好地满足观众的需求，提升新闻的吸引力和影响力。

10. 电视新闻传播的情感共鸣性

（1）电视新闻常常通过情感化的呈现方式，引发观众情感共鸣。新闻报道不仅传递冷静客观的事实，还强调人物故事、生活细节等元素，从而在观众心中唤起情感共鸣。观众能够通过新闻中的人物遭遇、情感表达，感同身受，从而更加深刻地理解和关注事件。

（2）电视新闻在视听表现上注重情感的传达。主持人、记者的声音、语调和表情等都能够影响观众的情感体验。音效、背景音乐等元素也能够在情感上产生共鸣，增强新闻的情感色彩。这种视听传播方式能够使观众更加容易与新闻内容产生情感联系，使信息更具感染力。

（3）电视新闻还能够通过报道社会问题、人道主义行动等方式，引发观众对于公共情感的共鸣。一些感人的报道，如灾难现场的救援、社会弱势群体的生活等，能够唤起观众的同情，激发社会的共情意识和关怀行动。

总之，电视新闻的情感共鸣性传播特征在于其通过情感化的呈现方式、视听表现以及社会问题报道等，引发观众情感共鸣。这种特征不仅增强了新闻的感染力，还促进了社会的情感共鸣和关怀，推动着社会情感的共鸣性传播。

11. 电视新闻传播的文化传承性

（1）电视新闻在内容上注重文化的传承。许多电视新闻节目关注民族传统、历史文化、民间艺术等方面的内容，通过报道相关活动、人物故事等方式，将传统文化相关内容传递给观众。这种内容选择不仅有助于保护和传承文化遗产，也使观众更好地了解自己的文化根基。

（2）电视新闻在形式上融入了文化元素，丰富了报道的表现手法。比如，在特定的节日或文化活动期间，新闻节目会采用对应的装饰、音乐、舞蹈等元素，营造出浓厚的文化氛围。这种形式上的传承不仅使新闻内容更加生动有趣，也有助于传播文化。

（3）电视新闻也在角度上关注文化议题，引发观众对文化现象的思考和讨论。通过深入探讨文化领域的问题，新闻节目能够加深观众对于文化变革、传承、创新等议题的理解，引导他们更加关注文化的发展和变迁。

总之，电视新闻的文化传承性传播特征在于内容的传承、形式的丰富、角度的关注。通过关注传统文化、融入文化元素、探讨文化议题等方式，电视新闻在促进文化传承、鼓励文化创新方面发挥了积极作用。

（四）电视新闻的传播价值

第一，电视新闻有利于信息的快速传递。现代社会以其快节奏的特点而闻名，而电视新闻的出现，更是将信息传递的速度提升到了新的高度。无论是国际大事还是社会热点，电视新闻都能够在第一时间将新闻事件推送到观众面前，使人们可以及时了解到全球发生的重要事件，从而增强了人们对时事的感知能力。

第二，电视新闻有利于多样信息的呈现。通过电视新闻，人们可以接触到各种各样的信息，涵盖政治、经济、文化、科技等多个领域。不同类型的新闻节目可以满足不同观众的需求，从而实现信息的全面传递。这有利于拓宽人们的知识面，增加他们对多元化话题的了解。

第三，电视新闻有利于加强社会凝聚力。新闻作为社会联系的桥梁，通过电视媒体传播，可以将不同地域、不同群体的人们联系在一起。在重大事件发生时，电视新闻能够激发人们的共鸣，引发社会的共同关注和讨论，从而促进社会的团结和凝聚。

第四，电视新闻还有利于培养公民意识。通过电视新闻，人们可以了解国家政策、社会问题以及公共事务的发展动态。这有助于人们更好地理解自己的社会角色和责任，进而激发他们参与公共事务、表达自己意见的积极性，从而培养出更加积极的公民意识。

第五，电视新闻有利于推动社会进步。通过报道社会问题、揭示弊端，电视新闻能够引发社会的关注和反思，推动相关问题的解决和改善。媒体的监督作用也能够促使政府和企业更加透明、廉洁，为社会进步创造有利条件。

总之，电视新闻的传播价值不可小觑。它通过快速传递信息、多样呈现信息、加强社会凝聚力、培养公民意识以及推动社会进步等方面，为现代社会带来了诸多益处。然而，也要认识到电视新闻在传播过程中可能存在的片面性、偏见性等问题，因此，受众在接收电视新闻时需要保持批判性思维，从多个渠道获取信息，形成更为全面客观的判断。

第二节　融媒体时代下电视传媒新闻传播的发展动因与特性

一、融媒体时代下电视传媒新闻传播的发展动因与机制

（一）融媒体时代下电视传媒新闻传播的发展动因

1. 现代技术的发展

在融媒体时代，电视传媒作为新闻传播的主要渠道之一，其发展动因受到多方面的影响。首要的因素之一是现代技术的迅猛发展。随着信息技术、通信技术和互联网技术的飞速进步，电视传媒在内容创作、传播方式以及观众互动等方面迎来了全新的机遇和挑战。

现代技术的发展为电视传媒提供了更多元化的内容创作手段。传统的电视节目制作往往受到时间和空间的限制，而现代技术如高清摄影、虚拟现实、增强现实等的应用，使得创作者能够更加自由地创造丰富多彩的内容，将观众带入更加生动的视听体验中。

此外，现代技术也深刻地改变了传播方式。随着互联网的普及，电视节目不再受制于固定的播出时间和频道，观众可以根据自己的时间和兴趣进行点播。同时，社交媒体平台的兴起使得观众可以更加方便地参与讨论和分享，进一步推动了信息的传播与交流。

观众的参与也在现代技术的推动下发生了深刻变化。互动性成为新闻传播的重要特点，观众可以通过社交媒体、在线投票、评论互动等方式，与节目内容进行实时互动，增强了传播的参与感和影响力。

总之，现代技术的迅猛发展是推动融媒体时代下电视传媒新闻传播发展的重要动因之一。这种技术的变革不仅丰富了内容创作手段，也重新定义了传播方式和观众参与模式，为电视传媒开辟了崭新的发展空间。然而，同时也需要关注技术发展可能带来的伦理和隐私侵犯等问题，以确保电视传媒的发展能够在符合社会价值观和伦理底线的前提下持续推进。

2. 用户需求的更新

在融媒体时代，电视传媒作为新闻传播的重要形式，其发展动因之一是用户需求的不断更新。随着社会的快速发展和人们生活方式的改变，观众对于新闻内容和传播方式提出了更高的期待和要求。

随着信息时代的到来，人们对于信息获取的速度和便利性有了更高的要求。电视传媒通过即时的新闻播报、深度的专题报道以及丰富的图文视频内容，能够满足观众对于多样化、实时性信息的需求。用户希望能够随时随地了解最新的新闻动态，而电视传媒正是通过持续更新的内容来满足这一需求。

用户对于内容质量和多样性的要求也在不断提升。电视传媒需要根据观众的兴趣和需求，提供丰富多彩的内容，涵盖政治、经济、社会、文化等各个领域。同时，用户对于深度报道和解读的渴求也在增加，他们希望通过电视传媒获得更加全面和准确的信息，以便做出更明智的判断和决策。

此外，用户对于互动性和参与感的需求也日益增加。电视传媒可以通过社交媒体平台、在线投票、实时评论等方式，与观众进行互动，让他们参与到新闻传播的过程中。这种互动不仅增强了用户的参与感，还能够使传播更加生动有趣，更具社会影响力。

总之，为了不断满足观众的期待，电视传媒需要不断创新，提供高质量、多样化、互动性强的内容，以保持其在新闻传播领域的核心地位。

3. 竞争压力和商业模式的变革

随着数字化和网络化的发展，传媒领域竞争变得更加激烈，电视传媒不得不适应这一新的局面。传媒领域的竞争压力迫使电视传媒不断寻求创新，以保持其在信息传播市场的地位。与传统媒体相比，电视传媒需要更快地适应数字化趋势，将内容转化为适合在线传播的形式，以吸引更广泛的受众。这种竞争压力推动电视传媒进行技术升级，提高节目质量，并积极探索新的内容创作和传播方式。

商业模式的变革也在影响着电视传媒的发展。传统的广告收入模式受到了数字媒体的冲击，观众的注意力分散，广告商的选择更多样化。因此，电视传媒不得不重新审视其商业模式，寻找新的营利方式。一些电视传媒开始将重点放在订阅服务、付费内容和品牌合作上，以减少对广告收入的依赖。这种商业模式的变革促使电视传媒更加注重内容的质量和用户体验，以吸引付费用户和忠实观众。

总之，电视传媒需要不断适应新的竞争环境，积极创新内容和商业模式，以保持其在传媒行业的竞争力并满足观众多样化的需求。

（二）融媒体时代下的电视传媒的发展动力机制

动力机制是指推动系统运动与发展的特殊制约关系。通过对电视新闻媒体融合发展的宏观环境、内部环境以及市场环境的梳理，可以大致勾勒出电视新闻媒体融合发展中的一些制约关系。

1. 电视新闻媒体融合发展的利益相关主体

电视新闻媒体融合发展动力机制存在的前提是相关利益主体的存在，正是因为他们之间特殊的制约关系，才使媒体融合具有了突破困境的根本性基础。这种利益相关主体涉及政府、公众与市场，这也是由传媒的多重属性决定的。具体来说，国家利益需要媒体舆论场体现引导力，这关系到国家社会稳定；商业利益需要媒体在激烈的市场竞争中存活；公众利益需要媒体发出民众呼声，履行社会守望者的职责。

（1）从政府视角来看。①当今社会正在经历变迁，舆论生态环境发生了很大的变化。电视新闻媒体作为政府的喉舌，毫无疑问，巩固思想文化阵地、壮大主流思想舆论是当务之急。②积极、面向媒介融合的政府规制能创造良好的市场环境，会有助于媒介融合的顺利发展，是传媒市场利益的重要保障。③借由媒介融合为公众创造的话语平台，国家可在更大程度上把握公众诉求，为国家的政策制定提供依据。

（2）从市场视角来看。①电视新闻媒体寻求融合转型的一个重要目标是使自身能够适应新媒体时代的挑战，努力在新的信息传播格局中维持自身的产业地位和市场规模，保证其可持续发展与生存壮大。②推动政府规制以及制度创新，可使电视新闻媒体真正具有市场主体身份，实现真正的公司化治理，如此才能抓住媒介融合的契机，建立可持续的商业发展模式。③传媒市场利益与公众利益是休戚相关的。全媒体时代，电视新闻媒体需要加强行业法律，遵循"内容为王"的宗旨，融入互动传播的方式，以此吸引更多公众的关注，从而提升其影响力。

（3）从公众利益视角来看。①互联网的迅猛发展导致大众舆论场呈非理性、娱乐化、偏激化、两极化和抗争常态化的形态，并且严肃的精英舆论平台岌岌可危。在此情景之下，重新建设以高品质新闻业为核心的，以理性讨论严肃、重要问题为特征的公共舆论平台，成为推动电视新闻媒体融合发展的另一个重要目标。②融媒体时代的公众亟须更多的话语权，需要合理地表达自己的呼声。新媒体的快速发展带来了传播革命，电视新闻媒体寻求融合发展是契合受众需求的重要之举。

2. 电视新闻媒体融合发展的动力系统

基于电视新闻媒体融合发展的利益相关主体，将媒体融合的动力系统分解为引力子系统、推力子系统以及支持力子系统三大部分。三大系统相互作用，共同推进电视新闻媒体的融合发展。

（1）引力子系统。

电视新闻媒体融合发展的引力子系统主要包括三个方面：市场需求（受众及广告商）、新媒体功能以及商业模式创新。

第一，融媒体时代，信息传播呈现出交互性、个性化、分众化的特点，受众的需求趋多样化，以往电视新闻媒体单向式传播的层级式结构正遭受着严峻挑战。同时，电视新闻媒体传统的广告盈利模式也经受着来自互联网广告的冲击。市场需求是市场供给有效的前提条件，所以由受众需求、广告商需求构成的引力子系统是电视新闻媒体融合发展的内驱动力。

第二，除了受众需求、广告商需求之外，新媒体在信息发布、舆论传播以及社会动员方面所具有的功能优势也是吸引电视新闻媒体寻求融合的重要内驱动力。这是因为，电视新闻媒体作为传统主流媒体的代表，履行舆论引导、社会监督以及文化传播等社会职责是应有之义。倘若电视新闻媒体能够充分利用新媒体在信息发布、舆论传播以及社会动员等方面的优势，加之自身所具备的公信力、权威性，对抢占舆论引导的先机、打通新兴舆论场起到至关重要的作用。因此，新媒体自身所具备的功能也是电视新闻媒体融合发展的内驱动力。

第三，重要的驱动力是商业模式创新。以三网融合①为例，其未来一个极端重要的运用是成为智慧城市的基础，成为连通公众信息平台的介质。商业模式能够在其中发挥价值创造和价值获取的功能，商业模式创新不仅仅与技术相关，甚至有时会超越技术。全媒体时代，商业模式的创新有助于推动技术融合向媒介融合演化，甚至引发产业融合。

（2）推力子系统。

推力子系统应包含两端：电视新闻媒体的利益诉求和其他参与融合的行为主体之间的

---

① 三网融合是指电信网、电视网、互联网在向宽带通信网、数字电视网、下一代互联网演进过程中，三大网络通过技术改造，其技术功能趋于一致，业务范围趋于相同，网络互联互通、资源共享，能为用户提供语音、数据和电视等多种服务。

利益诉求。其他参与融合的行为主体可能包括报业、广播、新媒体、电信运营商以及互联网运营商等。依据合作博弈的思想，各行为主体参与媒介融合的前提条件是：对于参与融合的各方，其整体收益应大于各成员单独经营时的总收益，并且存在具有帕累托改进性质的分配规则。因此，自利性是驱动各媒介融合行为的根本原因，也是电视新闻媒体融合发展的直接动力。

对于电视新闻媒体而言，其利益诉求包含经济利益及社会利益两方面诉求。经济利益诉求方面，第一，融媒体时代的电视新闻媒体正遭受新媒体的冲击，延伸其产业链、追求规模经济是应对激烈市场竞争的必然选择。第二，融媒体时代，信息技术和网络技术的发展使电视、报纸等产品之间的格式化差异较小，传媒产业实物资产（办公设备、场地要求等）的专用性不高，加之人力资本转换面临的挑战并不大，各媒介对信息资源的获取和处理流程基本一致。因为传媒产业资产通用性程度较高的特点，从技术手段上说，融合发展并不会给电视新闻媒体带来障碍，只不过对精细化管理的要求更高。社会利益诉求方面，电视新闻媒体需继续扮演政府喉舌的角色，将其影响力延伸至新媒体领域，发挥新媒体在信息发布、舆论传播、社会动员等方面的优势，起到电视新闻媒体引领新兴舆论场的作用，这也是政府推动传统媒体与新媒体进行融合的战略目标之一。对于其他参与融合的行为主体，主要是借此完善产业链结构，进而实现利润增值。各类媒介之间的互补促进了电视新闻媒体的融合发展。

（3）支持力子系统。

电视新闻媒体的融合发展离不开外部环境的影响，主要包括政治、经济、技术、社会四个方面，支持力子系统为电视新闻媒体的融合发展提供了系统的环境支持。

第一，政策法规。政策法规是各媒介参与融合时必须遵守的行为规范，是驱动媒介融合的关键力量。国家对传媒行业管制的适度放松，可以激励和扩展媒体技术与商业模式创新的市场边界。

第二，经济力量。经济力量是电视新闻媒体融合发展方向选择的参考依据，为电视新闻媒体融合发展提供物质基础以及市场条件。

第三，技术力量。技术力量是电视新闻媒体融合发展得以实现的决定性力量，数字技术以及终端设备技术的快速发展，使媒体能向市场提供新的或加强型产品。

第四，社会力量。社会力量是电视新闻媒体在融合发展中不断实现创新突破、满足受众日趋个性化及分众化需求的基础条件。虽然我国已经推出了媒介融合发展的指导意见，但地方政府层面的政策支持相对较少。为此，地方政府可结合区域发展实际，针对媒介融合进行专题讨论，为实践的快速发展提供理论依据。此外，还可从政策上为媒介企业的重组提供支持，促进媒介集团化发展。

二、融媒体时代下电视传媒新闻传播的发展特性

（一）融媒体时代下电视传媒新闻传播的发展技术

融媒体时代下，电视传媒的新闻传播发展正受到技术的深刻影响和改变。融媒体是指多种传媒形式的融合，包括了传统的电视、广播、报纸等媒体，以及数字媒体、社交媒体等新兴媒体形式。以下是融媒体时代下电视传媒新闻传播发展的一些关键技术。

第一，数字化技术。数字化技术的发展使得新闻内容可以凭借多种形式进行传播，包括文字、图像、音频和视频。电视传媒可以通过数字化技术将新闻内容制作成各种形式，以适应不同平台和受众需求。

第二，高清与 4K 技术。高清和超高清（4K）技术提升了电视传媒的视觉质量，使新闻内容更加生动、逼真，增强了观众的沉浸感。

第三，实时传播技术。融媒体时代要求新闻内容能够实时传播，电视传媒借助互联网技术，可以在新闻事件发生的第一时间将消息传递给观众。

第四，移动传播技术。移动互联网的普及使得观众可以随时随地通过手机、平板电脑等设备观看新闻节目。电视传媒需要开发适应不同移动设备的播放技术。

第五，交互式体验技术。电视传媒可以借助交互式技术，如触摸屏、遥控器等，与观众互动，提供更加丰富的用户体验。观众可以通过投票、留言等方式参与新闻节目。

第六，虚拟现实（VR）和增强现实（AR）技术。VR 和 AR 技术为电视传媒带来了全新的体验方式，观众可以在虚拟世界中亲身体验新闻事件，或者通过 AR 技术将虚拟内容叠加到真实场景中，增强新闻报道的真实感。

第七，社交媒体整合。将社交媒体整合到电视传媒中，可以实现新闻内容的互动分享，观众可以通过社交媒体平台参与讨论、分享新闻，增强新闻的传播力和影响力。

第八，数据分析与个性化推荐。利用大数据和人工智能技术，电视传媒可以分析观众的兴趣和行为，实现个性化的新闻推荐，提供更符合观众需求的内容。

第九，无线传输技术。无线传输技术的不断进步，如 5G 网络，为电视传媒提供更快的传输速度和更好的稳定性，支持更多高质量的流媒体内容。

第十，内容创新与互动体验。融媒体时代鼓励内容创新和互动体验，电视传媒可以通过虚拟现实、跨媒体融合等方式为观众带来更加丰富多样的新闻内容和体验。

综合以上技术，电视传媒在融媒体时代可以更加灵活多样地传播新闻，满足不同观众

的需求，并积极探索创新的方式，以提升新闻传播的质量和影响力。

（二）融媒体时代下电视传媒新闻传播的发展环境

1. 电视新闻媒体融合发展的内部环境

电视新闻媒体融合发展的内部环境优势，主要体现在以下方面。

（1）传播内容更具权威性。电视新闻媒体多年来积累的社会权威性，尤其是在重大新闻事件的报道中，电视新闻媒体的公信力、权威性更能得到彰显。

（2）内容制作水平更高。电视新闻媒体拥有专业化的内容制作团队、设备资源以及节目经费，这也是其在传统媒介时代占据优势地位的重要原因之一。相比而言，相当一部分的新媒体内容制作者缺乏专业的训练，缺乏视频节目制作的经验。此外，长久以来，电视新闻媒体还积累了数量可观的版权内容资源，倘若充分利用数字化技术以及网络技术，可快速转化为融媒体时代的内容优势。

（3）资源优势更为明显。第一，电视新闻媒体获得的政策资源和行政保护更多，典型的如广电新媒体的牌照，这有利于电视新闻媒体在融合发展中获取市场主动权。第二，人才储备更为丰富。电视新闻媒体拥有大量专业人才储备，电视新闻媒体在融合发展过程中可充分利用这些资源，并转化为自身的核心竞争力。第三，设备资源更多。电视新闻媒体在传统媒介时代累积了较大的设备资源优势，能保证高质量的视频享受和视觉冲击，为进一步媒体融合发展提供支持。

2. 电视新闻媒体融合发展的外部环境

（1）政治环境。电视新闻媒体融合发展的政治环境，是指制约和影响电视新闻媒体融合发展的制度环境。即便电视新闻媒体走融合发展之路，其依旧具有鲜明的政治属性，这是因为，电视新闻媒体是党和国家开展宣传工作的喉舌，其一方面能够享受到更多的政策资源，另一方面也会受到更多的监管和约束，承担起引导公共舆论的社会责任。以上也就决定了电视新闻媒体的政治属性高于经济属性，宣传职责大于经营职责，社会效益重于经济效益。如何实现经济效益和社会效益的双赢，是电视新闻媒体融合发展过程中需要考虑的问题。当前阶段，电视新闻媒体融合发展的政治环境主要体现在以下三个方面。

第一，政府对电视新闻媒体的直接管控。我国电视系统奉行"条块结合、以块为主"的分级管理方针，实行中央和地方双重领导管理。其中，国家广播电视总局是广电媒体的中央主管部门，此外还设置省（直辖市、自治区）、市（地区、州）、县电视媒介管理机构。电视新闻媒体奉行宣传工作、事业建设和行政管理"三位一体"的方针，其中以宣传工作为中心职能，其必须坚持"五个有利于"原则，贯彻和反映党和国家的政治立场和政治主张。

第二，制定法律法规制约并规范电视事业。政府需要立法明确节目制作、播放标准，限制有害内容传播，确保节目不败坏社会风气。同时设定准入门槛，规范经营行为，遏制不良竞争。法规应规定违规惩罚，强化监管，保障公共利益。通过法律的约束，推动电视业为社会创造更有益、更文明的内容。

第三，政府对电视新闻媒体融合发展的政策扶持。随着科技进步，电视与新闻媒体日益交织，政府应鼓励双方合作创新，提升信息传递效率。政府可为融合项目提供资金支持和税收优惠，激励跨领域合作。此外，建立跨部门合作机制，协调相关事宜，有助于共同推动融合进程。同时，政府也需要确保融合发展遵循法律法规，保护言论自由和信息准确性。通过有力政策支持，政府能够引导电视与新闻媒体实现有机融合，创造更多优质内容，满足公众多样化需求，推动传媒领域繁荣发展。

（2）经济环境。电视新闻媒体融合发展的经济环境是指影响电视媒体融合发展的社会经济状况、经济政策以及产业发展状况等。

第一，经济发展。社会经济发展对信息总量、质量和传播时效性的需求增加，大众传媒的地位和作用得到提升。此时，传媒的角色定位更为丰富多样，一方面应继续扮演政府宣传喉舌的角色，另一方面也要为经济建设提供有力的信息支撑，塑造良好的信息环境。

第二，产业结构。电视属于第三产业，依据产业链各构成部分的地位和作用，可以将电视传媒产业做如下分解：

主导产业。电视媒体的主导产业是电视节目生产制作和电视节目经营。近年来，电视新闻媒体开始尝试将一些节目制作从单位剥离出来，并进行公司化管理、市场化运作。此举有利于引入竞争机制，提升节目制作水平，为名牌栏目乃至名牌频道服务的创造提供有利契机。与节目生产制作紧密相关的是电视节目经营，电视新闻媒体生产制作的节目除满足自身需求外，还可通过市场化运营开发实现其价值和价值增值。当前，在电视节目生产制作和电视节目经营层面，电视新闻媒体仍存在较大的拓展空间。

支柱产业。广告收入是电视新闻媒体的主要经济来源，构成了电视新闻媒体生存发展的基础。融媒体时代，尽管业界呼吁电视新闻媒体应积极探索多元化的盈利模式，改变单一依靠广告收入的模式。就目前情况来看，在《中华人民共和国广告法》大框架内，依法大力开拓广告市场仍然是最为理性的抉择。

基础产业。在电视传输网络领域，经过几十年的努力，我国在数字化、三网融合、双向网改造、高清互动方面均取得了长足进步；在电视技术及其网络技术领域，目前仍然存在重复建设的问题。为此可通过资源整合形成整个电视新闻媒体统一的技术开发服务平台，实行企业化管理、市场化运作。

（3）技术环境。电视新闻媒体融合发展的技术环境是指影响电视新闻媒体生存和发展的科技水平、科技环境以及人们对传媒技术的使用情况等。融媒体时代的到来与技术进步休戚相关。其中，数字化技术、网络化技术和三网融合技术的出现，极大地推动了各媒介之间技术边界的消失，给传媒领域带来了一场深刻的变革，成为媒介融合的主导因素。在此背景下，媒介资产通用性程度逐渐提高，新媒体、新业务、新应用层出不穷。其中，数字化技术可将语音、文本和视像等不同信息形式转化为统一的"比特流"，自此，各类信息形式之间可以相互转制。媒体技术的快速发展，使原来电视、报纸期刊、电信产业的分立专用传输平台趋于统一，形成多媒体基础平台，该平台有适应性广、费用低、易维护的特点。

（4）社会环境。电视新闻媒体融合发展的社会环境是指影响电视新闻媒体运行的社会主体及其意识形态、行为习惯、价值观念与社会结构等要素。

第一，新媒体语境下，受众的行为习惯已经发生了潜移默化的改变。新媒体语境下，受众不再仅是被动地接收信息，而是开始参与信息的传播和制作，拥有更多的传播权利。在此背景之下，用户的参与意识显著增强，媒介传播过程中的互动性开始显现，媒体应充分满足用户的参与需求。

第二，当前我国正处于转型时期，人们对精神生活、文化娱乐产品的需求不断增长，价值多元化的发展趋势日益凸显。为此，媒体应考虑受众日趋分众化的需求。

第三，随着经济的发展和受众收入水平的不断提高，受众的购买能力、选择能力、鉴赏品味提高，这对媒体的内容资源提出了更高的质量要求。

3. 电视新闻媒体融合发展的市场环境

（1）既有竞争者。传统媒介时代，传统电视新闻媒体具有地域性和行政性特征，电视新闻媒体呈现出中央台一家独大、省级台强弱分化的竞争格局。在一个行政区域内，一般只有一家具有行政级别、处于绝对竞争优势地位的电视新闻媒体。在整个行业范围内，各电视新闻媒体之间虽然存在激烈的竞争关系，但并没有行业退出机制。在融媒体时代，电视新闻媒体融合发展的地域限制和级别限制将会被打破，作为市场化竞争主体的新电视新闻媒体将通过媒介融合突破限制，争取到更宽阔的发展空间。

（2）替代者的威胁。首先，三网融合进程的加速推进为电视新闻媒体的发展带来了一些新的变数。虽然电视新闻媒体可以借此机会加速拓展其新媒体业务，但同时通信行业以及互联网行业也存在复制广电业务的机会，从而引发三大行业的全面复制性竞争。其次，媒介融合使电视新闻媒体在内容、渠道、服务、终端等各个层面不再具备垄断优势，将会面临更多替代品的竞争。再次，在内容生产环节，融媒体时代的受众将扮演更多的角色，人人都可以是记者和媒体，报业、广播以及新媒体都将是内容生产的主体，内容生产趋于多元化。最后，在内容传输环节，广电网、电信网、互联网、无线互联网都具备音视频独立传输的功能。在业务应用环境中，互联网平台具有强大的聚合能力，新媒体可以提供智能化、移动化、个性化、社交化的终端，用户可更为便捷地接收音视频信息。

（3）新进入者的威胁。技术进步使传媒行业的封闭垄断格局被打破，新媒体、新业务不断涌现，包括报刊、广播在内的传统媒体也纷纷向新媒体靠近，越来越多的市场主体将成为电视新闻媒体的竞争者。从行业层面看，三网融合的趋势不可逆转，通信运营商和互联网运营商都在积极布局音视频业务，传媒市场呈现多元化的发展趋势。这些潜在进入者或拥有深厚的用户基础、较为先进的技术实力，或具有雄厚的资本和丰富的市场运营经验，都对电视新闻媒体的融合发展构成了挑战。

（4）供应商的议价能力。电视新闻媒体融合发展的供应商主要包括版权内容提供商以及网络服务提供商。在版权内容供给环节，潜在的内容提供商可能是视频网站、报业、广播媒体以及用户等，其议价能力与各自传输渠道的影响力休戚相关。电视新闻媒体推行融合发展战略将使得传播渠道再次扩充，高质量的版权内容将面临更为激烈的竞争，电视新闻媒体的议价能力将备受考验。随着三网融合进程的逐步推进，在音视频信号传输方面，电信网、互联网也逐渐进入，传输渠道相比之前有所增多，电视新闻媒体对于网络服务的议价能力将有所增强。

（5）购买者的议价能力。电视新闻媒体的主要购买者为用户和广告商。融媒体时代，信息传播渠道激增，内容资源也呈多元化发展之势，市场逐渐由"卖方市场"向"买方市场"转变，用户和广告商的选择空间更大，表现为：①通过互动传播方式，让用户在获得更丰富和更个性化信息的同时，还可让广告商实现精准营销，提升广告营销的效果；②信息传播渠道的增加让用户需求产生分化，广告商投放广告也可采取多媒介组合营销的方式进行宣传推广。综上，在融媒体时代，无论用户还是广告商的议价能力都有所提升。

第三节　融媒体时代下电视传媒新闻传播的优化策略

一、提升传播力

（一）创新报道形式，优化编排结构

电视传媒新闻要想提升传播力，报道形式需要有新意。记者要转变"就会议报会议、无材料不报道"的"等、靠、要"思维，深挖有价值的新闻信息，创新报道形式；同时，要统筹安排编排结构，从前期拍摄到后期编辑，对整个新闻报道的主题、内容、形式等方面做好策划和包装，才能确保电视传媒新闻传播达到预期理想效果。

第一，角度创新，深挖新闻价值。新闻记者首先要转变自身的角色定位，积极发挥主动性，以小切口展现大主题，充分挖掘重大新闻事件中的新闻价值，做到以小见大。

第二，编排创新，打好"组合拳"。新闻编排要擅长打"组合拳"，这一"组合"可以是同一主题但不同角度新闻的系列组合，也可以是同一内容、同类题材编排在一起的综合新闻。作为以传媒新闻为主要内容的节目来说，编排得创新往往能使传播效果事半功倍。

以"会议内容+现场同期+新闻链接+主题报道+本台评论"的组合创新编排模式，可以多角度、全方面地展现新闻事件，并向广大受众充分阐释会议的重大意义。节目播出后吸引众多受众关注，引发强烈的社会反响。

（二）改变内容语态，强化受众互动

融媒体时代，受众拥有更大的自主选择权。客户端的评论、点赞、转发、收藏等功能为受众提供了多样化的互动方式。对于在影响力、公信力、感召力上有独特优势的电视新闻报道来说，充分发挥各类新媒体平台的优势，借助短视频、微信公众号、微博等平台的互动功能，构建起和受众良好的互动关系，拉近新闻报道与受众之间的距离。

（三）加大人才培养力度，提升内容创新动力

推进媒体的融合创新，高素质的人才队伍是关键。对于电视传媒新闻报道团队来说，不断补充新鲜血液、强化专业素养是增强电视传媒新闻传播力与影响力的重要支撑。

融媒体时代，人们可以通过定期举办交流研讨会、记者沙龙等，提高时政新闻从业人员的整体业务水平，从而推动时政报道更好地发展。媒体机构还要立足融媒体时代发展特点，邀请业内专家学者、上级媒体记者不定期开展新媒体知识培训，不断激发记者的学习动力和创新能力。同时，要积极"走出去"，学习同行在新闻采编、制作、剪辑等方面的新思路，鼓励大家在新媒体方面多出精品，从而助力电视传媒新闻传播。

（四）加强技术支撑，整合优势资源

为了适应新的传播环境，电视新闻的报道必须加强对新媒体技术的运用，实现技术支撑与内容融合互动。电视媒体可以综合运用 VR、网络直播等新技术，整合不同平台的新闻资源，形成优势互补，实现会议进程与内容生产的同时、同步。

二、用户参与和反馈

在融媒体时代，电视传媒的新闻传播正积极探索并实施用户参与和反馈优化策略，以更好地与观众互动，提高信息传递的效果。这一策略的推行不仅拉近了传媒机构与观众的距离，还有助于提高内容的质量和关联度。

第一，电视传媒在新闻传播中越来越注重用户参与。通过社交媒体平台、在线评论区等渠道，传媒机构鼓励观众参与新闻话题的讨论，分享自己的观点和看法。这种互动不仅增强了观众的参与感，也使传媒机构能够更好地了解受众需求，调整内容策略。

第二，用户反馈的收集和分析成为优化策略的关键环节。电视传媒通过设立反馈渠道，如在线调查、意见反馈邮箱等，积极收集观众对于新闻内容、报道方式的意见和建议。通过数据分析技术，传媒机构可以了解观众的偏好，根据反馈信息对内容进行优化和调整。

第三，电视传媒还在新闻传播中加强了用户生成内容的引入。鼓励观众通过上传图片、视频、文字等方式分享自己的见闻和经验，不仅丰富了新闻报道的内容，也增加了新闻传播的多样性和真实性。

总之，电视传媒在融媒体时代下的用户参与和反馈优化策略有助于建立更加互动和开放的传播生态。通过观众参与、反馈信息的采集和分析，以及用户生成内容的引入，传媒机构能够更好地满足观众需求、提高内容的质量和针对性、实现信息传递的双向流动。这种策略的推行不仅有助于传媒机构的发展，也能够更好地满足观众的期待，实现更高效和更广泛的信息传递。

三、采取多元化的主持和嘉宾资源策略

在融媒体时代，电视传媒的新闻传播正积极采取多元化的主持和嘉宾资源策略，以适应观众需求的多样性和内容呈现的丰富性。这一策略的推行不仅使新闻传播更加生动活泼，也能够满足不同受众的兴趣和喜好。

第一，传媒机构在主持和嘉宾选择方面越来越注重多元性。在主持人的选择上，电视传媒尝试招聘来自不同领域、具有专业背景的主持人，以确保不同类型的新闻节目都能够找到合适的主持人。在嘉宾选择方面，也倾向于邀请来自不同领域的专家、学者、社会名人等，以丰富讨论内容，提供多角度的观点。

第二，多元化的主持和嘉宾资源策略有助于增加节目的吸引力和观众参与度。观众更愿意关注不同类型的新闻节目，当他们在节目中看到了自己感兴趣的主持人或嘉宾，就更有可能停留观看。同时，多元化的嘉宾资源策略也能够为新闻节目提供更丰富的信息源，增加节目的可信度和深度。

第三，多元化的主持和嘉宾资源策略也有助于推动传媒机构的创新发展。不同背景、不同领域的人才在节目制作中带来了新的思维和创意，促进了节目形式和内容的创新。这种创新能够吸引更多年轻观众，提升节目的影响力和传播效果。

总之，电视传媒在融媒体时代下的多元化主持和嘉宾资源策略旨在创造更多元化、更丰富，更具创新性的新闻内容。通过选择不同背景、领域的主持人和嘉宾，传媒机构能够满足观众的多样化需求，提高节目的吸引力和参与度，推动传媒产业的可持续发展。

四、增强社交互动的方式

在融媒体时代，电视传媒的新闻传播正积极探索和实施多种策略，以增强社交互动的方式，更好地与观众互动，提升信息传递的效果。这些策略的创新不仅丰富了新闻传播的形式，还拉近了观众与新闻内容的距离。

第一，社交媒体整合是一个重要的策略。电视传媒越来越注重将社交媒体与新闻内容有机结合，通过在新闻节目中引入观众在社交媒体上的留言、评论、分享等互动内容，来引发更广泛的讨论和参与。这种互动不仅使观众能够即时表达自己的看法，还能让他们参与到新闻话题的深度探讨中。

第二，互动投票和调查也是增强社交互动的有效方式。电视新闻可以设置在线投票或调查环节，让观众在新闻报道中投票支持某种观点或表达自己的意见。这种互动方式不仅能够激发观众的积极性，还能够为新闻报道添加更多的数据支持，增强信息的可信度。

第三，直播和实时互动也成为增强社交互动的重要策略。通过使用直播技术，电视传媒可以实时展示事件发展，观众可以在直播过程中提问、评论，主持人也可以即时回应观众的问题和观点。这种实时互动使新闻传播更加生动，也更加符合观众的需求。

总之，融媒体时代下，电视传媒的社交互动增强策略正不断创新和拓展。通过社交媒体整合、互动投票、实时直播等手段，电视新闻与观众之间的互动得到了增强，新闻传播也更加符合多样化、个性化的观众需求，实现了信息的双向流动，构建了更加开放和参与的传播生态。

五、采用数据驱动的个性化推荐策略

在融媒体时代，电视传媒的新闻传播正逐步采用数据驱动的个性化推荐策略，以更精准地满足观众需求，提升信息传递的效果。这一策略的实施使电视新闻传播更加贴近观众兴趣，提供更有价值的内容。

第一，通过数据分析技术，电视传媒能够深入了解观众的喜好、浏览习惯以及历史消费行为。借助这些数据，传媒机构可以建立个性化用户画像，从而在新闻推荐过程中更好地匹配内容。例如，一个对科技类新闻感兴趣的观众可以收到更多关于科技创新和发展的推荐。

第二，基于数据分析的推荐系统可以提供实时反馈，使电视传媒能够及时调整推荐策略。观众的点击、观看时长等行为数据能够帮助传媒机构分析哪些内容受欢迎、哪些内容需要改进。通过不断优化推荐算法，电视新闻传播可以更好地满足观众的兴趣，提供更高质量的内容。

第三，数据驱动的个性化推荐策略还可以促进观众的参与和互动。通过分析观众的评论、分享等社交行为，电视传媒可以更好地了解观众对于特定话题的看法，从而推荐相关的内容，引发更多的讨论和互动。

总之，融媒体时代下，电视传媒的数据驱动个性化推荐策略对于提升新闻传播的效果至关重要。通过分析观众数据、建立用户画像、优化推荐算法等手段，电视新闻传播能够更准确地满足观众需求，提供更有针对性和有价值的内容，实现信息传递的精准化和个性化。

六、创新内容形式与表达

在融媒体时代，电视传媒的新闻传播正经历着前所未有的变革，不断涌现出创新的内容形式与表达策略。这种变革旨在适应信息传播方式的多元化和观众需求的不断演变。

第一，融媒体时代赋予电视新闻更多元的内容形式。传统的新闻报道已经不再局限于文字和图像，而是融合了视频、音频、动画等多种媒体元素。这使得新闻传播能够更加生动、直观地呈现事件现场，增强了观众的参与感和沉浸感。例如，通过视频直播技术，观众可以实时观看重大新闻事件的发展，增强了新闻的实时性和互动性。

第二，电视传媒在内容表达方面不断创新。以叙事方式为例，传统的新闻报道往往采用平铺直叙的方式，而在融媒体时代，电视新闻更加注重故事性和情感表达。通过人物访谈、案例深入剖析等手法，新闻报道更能引发观众的情感共鸣。这种情感化的表达策略使新闻更具感染力，能够更好地引发社会关注。

第三，融媒体时代的互动性也为电视传媒带来了全新的表达策略。在新闻节目中引入社交媒体互动环节，观众可以通过评论、投票等方式参与到新闻讨论中来，增强了新闻传播的社交性和参与感。这种互动性不仅拉近了观众与新闻的距离，还使新闻传播变得更加民主和多元。

总之，融媒体时代下，电视传媒的新闻传播在内容形式与表达策略方面不断创新，旨在更好地满足观众的需求和期待。通过多元的媒体元素、情感化的叙事以及互动性的设计，电视新闻传播正朝着更加生动、多样和参与式的方向发展。

七、提升电视新闻舆论影响力

电视新闻舆论影响力是电视新闻媒体对于社会事件所引发的社会关注等的把控能力，其衡量标准不仅包括新闻传播范围以及所引发的新闻讨论热度，同时也包括电视新闻媒体对于事件的掌握以及舆论动态的了解程度。在融媒体时代提升电视新闻综合舆论影响能力，目的在于保持电视新闻媒体行业发展的科学性，让广大人民群众能够更加真实、全面地了解电视新闻发展的状况，尊重人民群众对于社会热点事件的知情权，减少因虚假信息传播所造成的社会公共秩序混乱等现象。电视新闻媒体自身舆论影响力的提升是一个漫长的过程，更多要依赖于电视新闻媒体自身的号召力以及新闻受众的忠实度。在实践工作中，电视新闻从业人员始终应坚持自身的职业道德，保持对于新闻事实的尊重，依托自身实力逐渐积累忠实观众群体，增强人民群众对于电视新闻报道的认可程度，达到提升电视新闻舆论影响力的目的。

融媒体时代提升电视新闻舆论影响力的提升策略如下。

第一，关注新闻选题，提高新闻关注度。随着科技的进步，世界各地之间的联系逐渐密切，中国也逐渐进入了信息爆炸的时代，人民群众获取信息的渠道实现了极大丰富，这也就要求电视新闻媒体要想提升自身舆论影响能力，必须将重点放在热点新闻的播报中。

在新闻选题的过程中，电视新闻记者应提高自身新闻敏感度，对于社会生活中的热点问题进行深入的系列报道，保证选题与人民群众需求的一致性，提高人民群众对于电视新闻内容的关注，为提升电视新闻舆论影响力做好群众基础准备。

第二，注重新闻播报内容质量的提升。在融媒体时代，传媒行业从业人群极速扩大，行业内部的竞争也更加突出，在激烈的竞争环境中，电视新闻媒体想取得自身舆论影响力的提升，必然要依靠新闻质量吸引更多新闻受众的关注与支持。电视新闻媒体首先要注重提升自身新闻播报的及时性，在第一时间完成向电视观众传递新闻信息的工作，减少因时效性差造成的观众群体流失。同时电视新闻媒体同样要注重自身新闻深度的挖掘，在新闻播报的过程中更加注重对于深度新闻事实的挖掘，可以采用系列报道等形式更加全面地对电视新闻内容进行展示，提高观众对于电视新闻的认可程度。

第三，搭建互动平台，提高电视新闻观众参与感。融媒体时期网络平台成为大众传媒发展的重要根据地，网络互动平台的不断健全也为新闻受众参与新闻内容讨论提供了有效通道。提升电视新闻舆论影响力，首先要求电视新闻能够引起社会生活中的广泛关注与参与，互动平台的搭建能够为电视观众提供表达自身观点的场所，满足电视观众的参与感，扩大电视新闻影响空间，创造舆论讨论热点。互动平台的搭建是电视新闻媒体不断扩大自身影响范围的尝试，能够更好地收集人民群众需求，提高工作的针对性。

第四，丰富传播平台，拓展电视新闻传播范围。电视新闻想要提升舆论影响力必须重视开拓自身的传播范围，在更加广阔的空间进行信息传递并积累稳定的观众群体，进而影响其思维习惯与方式。电视新闻应结合网络平台，通过网络更加及时地完成新闻信息的传递与输送，提高新闻报道的及时性。注重与社交平台的合作，搭建通过社交平台分享新闻内容的通道，依靠转发的力量让更多人看到新闻的内容，拓展新闻的影响范围，并带动更多人参与到新闻话题的讨论中去，为舆论影响打造较为稳定和良好的舆论基础。

八、品牌塑造与定位策略

在融媒体时代，电视传媒的新闻传播正积极实施品牌塑造与定位策略，以建立独特的品牌形象，增强影响力，并在竞争激烈的媒体环境中脱颖而出。这一策略的实施不仅有助于传媒机构的发展，还能够满足观众的期待，提供更有价值的内容。

第一，电视传媒通过品牌塑造与定位策略能够建立清晰的品牌形象。传媒机构在选择内容、主题、风格等方面保持一致性，形成独特的风格和特点。这有助于观众对该传媒机构的内容进行识别，加强品牌的认知度和记忆度。

第二，品牌定位能够更好地满足特定观众的需求。电视传媒在定位品牌形象时，可以考虑自己的核心价值观、受众定位等因素，更精准地满足目标观众的兴趣和需求。这种个性化的传播能够吸引更多具有相似兴趣的观众。

第三，品牌塑造与定位策略有助于建立信任和影响力。当传媒机构能够持续提供高质量、可信赖的新闻内容，观众更愿意信任并依赖这一品牌。逐渐地，传媒机构可以在特定领域树立专业性和权威性，增加影响力和话语权。

总之，电视传媒在融媒体时代下的品牌塑造与定位策略旨在建立独特的品牌形象，满足观众的多样化需求，提供高质量的内容，从而增强影响力并在竞争激烈的市场中取得优势。通过保持一致性的风格和内容，满足特定观众的需求，以及建立信任和权威，传媒机构能够更好地实现可持续的发展，并为社会创造更大的价值。

九、跨平台整合的扩展策略

在融媒体时代，电视传媒的新闻传播正积极采取跨平台整合的扩展策略，以适应信息传递的多元化需求和观众多样化的媒体使用习惯。这一策略的推行使电视传媒更好地实现信息传递的全面覆盖，同时也提升内容的传播效果。

第一，跨平台整合策略使电视传媒能够在不同媒体平台上提供一致性的内容。通过将新闻内容同时发布到电视、移动应用等不同媒体渠道，传媒机构可以确保观众无论在哪个平台上获取信息，都能够获得一致的内容体验。这有助于增强品牌形象和信息传递的连贯性。

第二，跨平台整合策略扩展了信息传递的覆盖面。不同平台有不同的受众群体和传播特点，通过在多个平台发布内容，电视传媒可以覆盖更广泛的受众群体，实现信息传递的全方位覆盖。同时，这也有助于吸引更多年轻的数字原生用户，拓展传媒机构的受众基础。

第三，跨平台整合策略能够增强内容的互动性和社交性。在社交媒体平台上发布新闻内容，观众可以通过评论、分享、点赞等方式参与到讨论中来，增强了内容的互动性。这种社交互动不仅拉近了传媒机构与观众的距离，还扩大了内容的传播范围。

总之，电视传媒在融媒体时代下采取跨平台整合的扩展策略，能够更好地适应多媒体环境的挑战，实现信息传递的多元化和全面化。通过一致性的内容呈现、广泛的受众覆盖以及丰富的互动体验，电视传媒能够提升传播效果，实现更广泛的影响力和社会认知度。

十、可持续发展生态建设策略

在融媒体时代，电视传媒的新闻传播正逐步倡导并实施可持续发展生态建设策略，旨在实现信息传递的长期稳定和社会价值的持续创造。这一策略的推行不仅有助于传媒机构的可持续发展，也有利于社会的整体进步。

第一，传媒机构在可持续发展生态建设中注重内容的质量和深度。电视传媒通过提供深入、客观、有价值的新闻内容，为观众提供了更有洞察力的信息。同时，倡导真实、客观的报道原则，增强了公众的信任感，有助于传媒机构建立良好的声誉、实现长期的发展。

第二，传媒机构在生态建设中重视社会责任和可持续性。电视传媒在选择报道内容时，越来越关注环保、人权等社会议题，通过关注社会热点，引导公众关注并积极参与改善社会问题。这种社会责任意识的践行不仅有助于传媒机构赢得观众的尊重，也有助于社会的可持续发展。

第三，电视传媒在生态建设中积极拥抱技术创新。利用先进的技术手段，如人工智能、大数据分析等，传媒机构能够更好地分析受众需求、调整内容策略，实现信息的个性化传递。同时，通过绿色、环保的技术应用，降低资源消耗，推动传媒产业向可持续方向发展。

总之，电视传媒在融媒体时代下的可持续发展生态建设策略旨在建立一个信息传递的生态系统，通过高质量内容、社会责任、技术创新等手段，实现传媒机构的可持续发展目标，同时为社会创造长期的价值。这种策略的推行不仅能够增强传媒机构的影响力和竞争力，也有助于社会的进步和改善。

第四节　融媒体时代下的电视传媒文化商业模式创新

商业模式的创新在于重新构造价值，通过对现有价值链的梳理，寻找新的价值链增值环。节目通过对自身的资源、能力、内部环境进行分析，然后努力去寻找契合自身的外部环境和资源，将自身与外部环境进行融合，获得更多的发展，实现自身核心竞争力的提高。在融媒体时代下，坚持改革创新，让电视传媒在不断的挑战中寻找机遇，提升自己的核心竞争力，为社会创造价值。

一、电视传媒商业模式的类型

（一）传统电视传媒商业模式

传统的电视传媒产业在业务发展的过程中，产生的商业模式主要有广告模式、外包模式及跨业经营模式，目前我国的传统电视传媒产业主要以广告收入为主，部分特色频道开展收费模式，电视购物模式也逐渐在国内慢慢兴起。

1. 广告模式

在我国电视产业发展早期，由于政府、经营者、消费者都没有太多的财力以支撑电视台运营，所以就选择了以广告为主的商业模式经营电视传媒产业，由此电视传媒行业正式起步。我国电视传媒产业通过免费让消费者观看，通过出让电视节目时段的少许时间，插播广告进行播放来获取利益，顾客在观看节目的同时，也能够获得广告上的信息。

根据大众的作息时间，电视节目被分为黄金档节目和非黄金档节目，黄金档节目通常是指播出时间在 19：00—22：00 这一黄金时间段的节目，该时段观看电视的人数最多、收视最为集中，可以达成最广泛的传播效果。除了黄金档时段以外的其他时段均为非黄金档时段，在非黄金时段播出电视节目，由于观众人数较少，且呈现碎片化，导致传播效果不是很理想，收视率也较低。许多厂家通过购买热门时段的广告来宣传自己的产品，也可以让更多顾客了解企业。到目前为止，广告模式依然是我国传统电视传媒产业的核心支柱。所以，未来可能会出现中国电视广告收入下滑的现象。

由此可见，以广告为主的商业模式不再符合当今时代的发展，传统电视传媒产业的广告收入危机开始凸显，改变商业模式刻不容缓，商业模式的变革可以使企业重新找寻利润空间，让企业收入模式趋向多元化。

2. 外包模式

随着不同传播媒介的出现以及内容的快速传递，导致受众"碎片化"接收信息的特征在媒介领域中越来越明显。消费者的需求多种多样，单一的节目内容不能满足观众的需要，电视台不得不花费大量的人力、物力、财力去打造更多好看的电视节目。由于电视台人力、物力、财力的资源有限，并不能让各个节目都达到观众想要的效果。多数电视台无法让节目做到更好，导致有些节目的内容很不理想，影响电视台的收视率，于是大多数电视台开始进行制播分离的尝试。这种改革是一种大胆的尝试，让电视节目制作趋向于市场化运作，引入了竞争的机制，有利于产品质量的提高。

3. 电视购物模式

以广告为主的商业模式并不能满足传统电视媒体的盈利需求，它们开始探索新的商业模式来创造盈利空间。电视购物模式可以将商品与电视传媒产业进行融合。利用电视节目来宣传产品，主要是开辟电视购物平台或者给予一个单独的节目用来宣传，大多数电视媒体都采用前者，利用直播或者录播的形式将购物的热线电话打在屏幕上，同时对产品做一个简单的宣传。电视购物模式并不像广告一样只有几分钟的时间，而是占据电视频道的全部或者大量时间进行播放。电视台并不会对宣传内容进行重点审查，使得有些宣传存在虚假的成分，导致消费者上当受骗。如果顾客没有关注这些宣传内容，将无法给顾客带来价值，也无法给企业带来盈利，电视购物商业模式的发展一直存在着问题。

（二）新型电视传媒商业模式

随着计算机网络技术和数字技术的发展，新型媒体相继问世，新媒体的到来打破了原有的格局，改变了电视观众的习惯，传统电视传媒商业模式也发生了变革。随着数字技术、计算机技术的出现，使得包括数字电视、网络电视等的新型媒体相继产生。同时又有其他新技术的问世，导致新型媒体的功能增加，使得观众的需求又得到了进一步的满足。新型电视传媒商业模式也在满足消费者需求的过程中产生。

1. 数字电视的商业模式

数字电视是指从电视台信号发射到观众的电视接收信号的过程中，所有环节目采用数字技术，将所有的信号都采用数字"0"和"1"二进制的方法进行转换、接收、还原，并利用编码程序对所有环节目进行编码、解码等。这种传递方式区别于传统电视的信号模拟传递。由于数字技术具有抗干扰性强、便于存储等特点，使得数字电视的图像清晰、节目内容多，采用先进用户管理技术能将节目内容的质量和数量做得尽善尽美，并为用户带来更多的节目选择和更好的节目质量效果，使得数字电视可以有多种业务，如高清晰度电视、互动电视等。这些特性也是模拟电视无法比拟的，随着时代的发展，数字电视将越来越成为主流，模拟电视将逐渐被时代所淘汰。

随着数字电视的到来，收费模式也开始实行。收费模式是指观众为了观看某个节目或内容进行一定费用的支付。收费节目的成功与否取决于收费电视的节目内容，"内容为王"依然是电视节目的核心竞争力，付费电视节目更是如此。

随着数字技术和互联网技术的不断发展，数字电视和互联网也将会展开激烈的竞争，然而能够吸引观众的依然是节目内容。所以，观众为了自己的需求会去接受付费节目，只要付费节目内容能够让顾客得到满足。如果只是单纯将画面、音质、图像变得高清，内容上并没有实质上的变化，这种改变依然无法使顾客得到满足，所以观众关注的重点依然是付费节目的内容。

对收费节目的内容进行划分，将观众进行市场细分，同时也以观众的需求为出发点进行电视节目内容的制作，这样就可以打造出"内容为王"的节目收费模式，辅助推送一些信息和广告，将价值链延展，垂直整合电视媒体产业的上下游产业及周边产业。这种变革引发了新的商业模式出现，摆脱了以广告为主的盈利模式，将更多的精力用在节目制作上，这样可以为客户创造更高的价值。

2. 网络电视的商业模式

网络电视是基于宽带高速 IP 网，以网络视频资源为主体，将电视机、个人电脑及手持设备作为显示终端，通过机顶盒或计算机接入宽带网络，实现网络电视服务。网络电视的产生改变了人们观看电视的传统观念，以往的观念认为观众只是被动地接受各个电视频道推送的电视节目，并没有自我选择的能力。然而随着网络电视的到来，观众可以自由地选择想观看的内容，解除传统电视频道的限制。

网络电视可以通过宽带网络将数字电视、电视购物及其他功能，利用电视机呈现出来。网络电视也改变了传播的方向、结构和方式，传播方向由原来的单向变成互动，传播结构由原来的封闭到开放，传播方式由原来的线性到时移。这种改变使得人们的主动选择性得到了提高，人们不再是被动地接受信息，可以主动去寻找自己需求的信息。由于存在这些改变，网络电视的商业模式也与传统电视的商业模式产生了不同，虽然还是以广告收入为主，由于可以搜索到每个观众的消费偏好，从而可以为某些固定的观众提供带有偏好的特定广告。为某些企业提供精准的广告投放策略，既可以节省自身和企业的资源，同时又能够有效地传播广告内容。掌握消费者偏好的资源可以帮助企业细分客户和需求挖掘，企业的产品开放就更加具有针对性，也为顾客获得产品和服务提供了便利。

3. 三网融合背景下的跨界整合商业模式

推进三网融合是国家发展的一项重大举措，是社会信息化发展的必然趋势。加快推进三网融合，有利于迅速提高国家信息化水平，推动信息技术创新和应用，满足群众日益多样的服务需求，有利于扩大电视传媒产业的价值链，带动相关产业发展，形成新的盈利增长空间。

时代在发展，三网融合也成为必由之路，目前三网融合已经从概念转为试点实施中，对中国信息化产业的发展至关重要。三网融合使得各方价值链都发生了改变，推动了三条产业价值链重构，导致各自的商业模式发生改变，通过创新发展，有效利用各方优势，优化资源配置，节省网络资源，为消费者带来更好的产品和服务。电视网和互联网进行融合，使得新媒体产生即网络电视，然而要实现三网融合具有一定的困难。首先，三网融合需要是要统一的技术标准和规范，电信网主要有三个生产商——中国移动、中国电信、中国网通，三者之间的技术标准和规范是不一样的，这就需要进行改变。其次，各自角色定位准确，三网融合每个人各司其职，"渠道力量"要和"内容为王"紧密联合在一起，相互配合，为消费者提供更好的服务，并努力为社会创造更好的价值。最后，三网融合是一个新的模式，利益在三者之间如何分配也是一个重要问题，需要进行探索和发展。特别是广电，作为一个特殊存在，可能需要进行体制上的改革，这样才有可能为三者的融合创造有利的条件。

（1）渠道经营商业模式。以内容为主的经营模式是电视传媒产业传统的经营模式，由于三网融合的实施，拓展了传统电视媒体的经营渠道和传播渠道，使得渠道经营模式可以顺利展开。现在的电视传媒产业开始围绕电视节目的传输渠道进行开发和运营，利用电视传媒产业覆盖面广、受众人数多的特点进行。渠道经营主要打通跨区域、跨媒体的渠道空间为企业创造更多的盈利点，由于现在的观众需求越来越多样化，观众的信息接收方式也呈现"碎片化"的趋势。满足多媒介的发展可以使传统电视媒体收益多元化，随着数字电视、网络电视的产生，电视传统产业从以往的广告收入转变成节目、广告、网络等多渠道的营销。由于之前单一渠道商业模式可能导致资源浪费的情况，现在可以将电视传媒企业多余的资源进行内部整合，找准各个频道和栏目的定位，按需投入相关人力、物力和财力，通过细分市场进行差异化经营。延伸产业价值链，注重电视产业的深度开发，立足于数字电视、网络电视、手机电视等新媒体，这样传统电视传媒产业才会更加具有活力和竞争力。基础业务是根本，扩展业务和增值业务立足于三网融合新技术、新媒体，让更多观众愿意付费使用专业性服务和增值服务，如视频点播、付费教育、生活信息等新的形式。由于新形式给顾客带来更好的价值服务，盈利前景巨大，有可能会超越基础业务所带来的收入，所以紧跟时代的步伐，将企业内部的资源优化，提升服务内容和效率，以为顾客创造价值为出发点。

（2）跨业经营商业模式。三网融合的推出，可以使企业更好地跨业合作，为了更好地充分利用资源，在资金充足的情况下，电视台开始多元化经营的发展模式。多元化战略是指企业经营两种或两种以上的产品和服务，主要目的就是扩大经营范围、增加盈利来源、防范经营风险。电视媒体可以将多余的人力、财力、物力投资于与电视媒体产业关联度较大的经营项目，同时还可以参与其他的项目，如餐饮、电影、旅游等其他行业。发展多元化的关联度较大产业能够充分利用电视传媒产业的资源，多元化经营其实是传统电视媒体对自我价值的一种重新认识，由原来简单的节目内容传递转化为信息传递。

由于广告收入占据电视传媒产业较大比重，随着广告环境日益严峻，多元化经营发展可以给公司带来主营业务以外的其他收入，但是由于电视媒体是一个特殊的机构，可能会受到体制上的约束，可以采用持股或者其他的方式展开与其他企业之间的各种合作。电视媒体可以利用其自身的优势充分发挥资源传播的作用，可以让其他领域被观众所知道，在扩大观众认知度的同时，也可以给该领域的企业进行宣传，提升企业的影响力和价值。相互之间的资源共享可以避免资源的浪费，合理配置资源才能让企业高效运转。深度开发品牌栏目并拓展相关产业，既可以通过贯彻"内容为王"的原则，给观众带来更好的节目，同时也可以利用电视传播进行周边产业的延伸，打造商业价值品牌。

二、电视传媒产业商业模式的变革要求

在融媒体时代下，我国电视传媒产业的新元素不断增加，如直播、VR 等新技术逐步登上传媒的舞台，并且会在将来展现出更强大的活力，媒体间的合作不断加深，各大电视传媒企业与其他媒体间展开深度的交流和合作。由于人们可以在不同媒体上获得信息，内容的时效性也增强，"两微一端"的产生更加促进了企业与观众之间的互动性，拉近了彼此之间的距离。

（一）以"内容"为王，重视电视传媒产业引领作用

在融媒体时代下，传统电视媒体产业的内容依然至关重要。"内容为王"依然是传统电视传媒产业的原则之一，无论传播渠道怎么变化，无论新媒体是否发生，内容始终是传统电视传媒产业最关注的因素之一。

加强电视内容的选题，使电视内容选题更加多样化，以往电视节目内容选题比较陈旧，同时往往有着一定的局限性。随着社会的发展，人们对电视内容的要求不断增高，电视内容也越来越新颖。同时，媒体之间的相互融合，给传统电视传媒提供了新的获取信息的空间，可以快速获取观众热门话题和观众想看的节目。同时在"两微一端"的互动上，也可获取到大量的信息。围绕群众重点关注的问题，进行深度的报道和剖析，坚持事实真理，杜绝虚假宣传。由于电视传媒产业人口覆盖率高，各个年龄段的人都可以从电视上获取信息，在电视节目制作上一定要兼顾各种群体，各个具体电视节目内容可以对观众进行市场细分，并对受众需求进行努力挖掘，激发受众对电视节目内容的热情；开设各类专业频道，加强电视节目的品牌化，杜绝娱乐至上。在信息化爆炸的时代，短视频爆发增长，斗鱼、快手等平台中的低俗现象严重，舆论事件炒作甚嚣尘上，作为传统媒体的主流代表，一定要充分发挥作为主流媒体的舆论引领作用，宣传正确的价值观。

由于数字电视、网络电视、手机电视等新媒体的产生，由原来的"用电视"开始向"玩电视"转化，随时随地可以收看到自己想看的节目，不再是以一个固定场所来满足收看电视的要求。这种变化的存在既改变了看电视的方式，也改变了看电视的内容。

（二）改变单一盈利模式，创建复合型盈利模式

随着数字电视、网络电视、手机电视等新媒体出现，更进一步扩大了受众群体，随着观众群体量的逐渐增加，各种各样的需求也开始逐渐增多。通过细分市场可以将不同需求的客户进行归类，为某一需求的客户开辟新的专业频道，同时进行付费模式。通过创建"收费电视"的商业模式可以增加盈利空间，改变单一盈利模式，同时也可以为客户创造更高的价值。

随着"制播分离"的深入开展，加大以广告为主的商业模式向外包模式转型，通过外包模式可以拉伸产业的价值链，扩大了产业布局。外包模式可以很好地将传统电视和其他的传媒公司联合在一起，共同打造观众所喜爱的节目内容，这样不仅可以优化自身人员配置，同时也可以降低人力、物力、财力成本，还可以让其他的传媒公司一起为客户创造价值，让电视节目制作趋向于市场化运作，引入了竞争的机制，有利于产品质量的提高。

电视购物模式低迷的主要原因在于节目内容并没有引起消费者的共鸣，同时之前的虚假广告宣传也导致消费者在一定程度上对电视购物缺乏足够的信任感。首先，电视传媒还是要利用受众群体量大的特点对电视购物进行良好的宣传。其次，在内容方面，既可以经营电视购物频道，也可以独立开展电视购物节目，同时对电视购物内容进行严格审查，杜绝一切不好的产品成为电视节目内容。电视购物同样也扩展了传统电视传媒产业的价值链，让更多的企业融入进来，利用电视传媒产业的特点进行信息的宣传。

通过上述模式的相互结合，可以将单一盈利模式转变为复合型盈利模式，扩大电视产业的价值链，将电视产业的若干内容进行拆分和整合，使得电视传媒产业由以前的广告投入开始向多元化投入进行经营。在多元化产业中一定要合理配置资源，处理好各方关系，调节各方利益冲突，最终实现电视传媒产业价值链上的总体价值增加，盈利能力得到显著提升。

（三）加强电视传媒人才培养，提升行业整体素质

信息群体的不同，每个受众群体也表现出不同的特点。由于有多种媒体的存在，消费者可以更加自主地选择符合自己的媒体，不再像以前那样被动地接受媒体传播的信息，同时个人也会积极寻找和阅读自己喜欢的信息，这就对电视传媒行业提出了巨大的难题。所以，要想在融媒体时代下，运营一个涵盖各个受众群体对信息喜好的媒体是相当困难的，既要让信息具备多样性和互动性，同时还要具有时效性。一个行业的竞争已经从产品竞争转移到商业模式的竞争，最后可能是人才竞争。电视传媒产业人才无疑是相当重要的一个

环节，而且电视传媒人才需要非常强的专业技能和整体素质。

在各个媒体相互竞争激烈的同时，对人才的需求也变得相当紧迫。那么作为培养专业性人才地方的高校也要快速进行调整，以适应时代的发展需要。电视传媒产业竞争压力的增加，对于人才的需求也变得更加渴望，同时对电视传媒产业人才素质的要求也变得越来越高。因此，高校应该积极探索电视传媒产业人才培养模式。

第一，学校要结合社会需要，开设符合电视传媒行业特点的专业，培养的人才要符合电视传媒行业的需要，培养能够承担策划、采访、制作、播出等任务的复合型人才。灵活多样的培养模式可以给学生带来不一样的感受，包括课堂形式、交流会形式、案例巡视。同时也应该加强各个学校之间的交流活动，促进各个学校之间的相互发展和借鉴学习，这样才能让学生全方位充分地学到所需要的知识。

第二，加强实践教学内容，通过理论学习到实践的转化，帮助学生更加了解实践的重要性。所以，在教学内容上尽量多地安排实践课，为今后的实习打下坚实的基础。开设课程实验教学也相当重要，课程实验教学旨在培养具备电视节目策划、内容制作、编排等任务的专业知识与技能相结合的复合型人才。学校开设实践课程并不能完全满足社会的需要，同时还应该加强校企合作，促进产学研共同发展。

学校可以与一些电视传媒企业进行合作，促进交流的同时，也可以让学生了解自己将来工作的情况，利用学术交流和座谈会的形式，将一些有经验的学者或者工作人员带入学校来，他们与同学们面对面的交流，可以让学生开拓思维，也可以收获社会上的经验，了解电视传媒行业的最新动态，促进将来的成长。同时也建议部分传媒企业提供实习岗位，鼓励大学生到校外进行实践学习。通过在一线工作岗位中的实习，不仅可以收获所需要的知识，提高自己的实践能力，更重要的是还提升了自己的综合素质，为后续就业做足准备。

第三，时代不断更新，技术也不断向前发展，作为新时代的电视传媒专业学生，要努力学习新技术，保证跟上时代的步伐。在融媒体这个大环境下，学生不仅要学习理论知识和实践能力，而且还要了解新的技术，对多种传播平台要进行充分了解，同时也要对不同媒体进行深入分析，以适应在不同媒介渠道下的信息传递与交流。当今世界，各种媒体相互融合，媒体需要在多种渠道发布消息，让更多的观众参与进来。所以，同学们要牢固树立全方位的媒介互动意识，培养多种媒介传播信息的能力，努力适应新时代发展的潮流。

随着信息化时代的到来，人们越来越关注信息的新颖性、时效性，然而有一些电视传媒工作者为了博眼球、获得较高的关注，会报道一些虚假或者低俗的内容，导致行业形象受损，影响电视传媒产业的发展。所以，学校不仅要向学生传递知识，也要提高学生的道德素养。在进入社会之后，作为一名媒体工作者不能被利益驱使，坚持事实真相，杜绝虚假宣传。只有学校注重电视传媒人才的素质培养，加强道德品质，让他们意识到内容真实的重要性，这样才能让这个行业健康地发展下去。

通过高校的人才教育培养模式，可以为社会输送更多优秀的人才。电视传媒产业需要新的血液来补充，才能更好地创新和发展，才能努力把握住机会，跟上时代的步伐。高校的培养模式需要不断与时俱进，学校应当设置合理的课程，加强学生的活动，尽可能地开展研讨会和交流会，充分地利用学校之间的合作，不断探索新的教学模式，合理运用校内资源，将道德素质培养放在第一位，培养出一批又一批电视传媒产业高素质复合型专业人才。

三、融媒体环境下电视台商业模式的启示

中国中央电视台和湖南卫视的成功不仅仅体现在挖掘市场需求和调整战略上。其他改革创新同样具有借鉴意义，如简化组织机构、提高工作效率、扩大新媒体影响力，促成在品牌建设、收视率提升、产业链三方面的发展。表现如下。

第一，目标客户差异化的需求。差异化是吸引受众的核心因素，对市场的规模和产品最终销量起到了决定作用。湖南卫视定位 15~34 岁的群体，其中女性比例远高于男性，这一群体大多接受能力很强，在生活态度上更倾向于自由，喜欢娱乐和文化产品，因此节目受到国内广泛关注，有着非常高的收视率。

第二，以品牌创造为核心。"快乐中国"作为湖南卫视的品牌理念，显示出其在同类型媒体中的不同品牌定位。品牌是媒体定位的反映，能体现出差异性与活跃性的形象。要在全国同类型媒体竞争中脱颖而出，创造出个性化的品牌是重要的基础，同时体现出了在节目定位上的特色和核心竞争力。

第三，重要合作。湖南卫视也在日本、澳大利亚等国即时播放，湖南卫视拥有着非常高的市场份额，在所有的省级卫视中，单纯从经营效果上来看，湖南卫视的表现是最为出色的。

第四，"媒体+产业"的优势。央视的一系列动作，为国内其他媒体构建起了智慧型、可持续型的主流融媒体范例，将数据、内容、平台有机整合起来，充分释放了自身新媒体平台的力量，央视与各行业联手建立产业新融合的发展环境，加速实现产业间的融合发展。"三台合并"后的中央广播电视总台，通过将资源间的优化组合，与各地有线电视运营商密切合作，加强在实体方面的服务能力，"媒体+产业"的模式前景可期。

四、电视传媒产业创新发展策略

新的商业模式立足于适应新的市场需求，积极利用三网融合的机会，努力克服传统媒体之间的边界问题，打破市场区域垄断等不良问题，努力做好市场定位，对价值链进行重新构建，对电视传媒产业信息服务进行整合优化，构建自己的合作区域，扩大自己的产业链，创建相关产业的利益网络，为客户提供更高的价值，为消费者带来更满意的产品和服务。

（一）打造跨业合作，促进相关产业融合

在融媒体时代，为了满足电视传媒产业的生存和发展，电视传媒产业必须多元化经营，才能满足产业需要。我国电视传媒产业经过几十年的不断发展，已经逐渐向多元化趋势推进。今天的电视传媒产业比以往任何时候都适合扮演信息传递者，现在的信息传递快速发展，比以往任何时候都能够更快、更有效地影响观众。消费者的需求越来越多元化，电视节目也顺应消费者的需求开始逐渐变得多元化。电视节目从简单到复杂、从单一到多元，逐步地向前发展。

以主业为核心竞争力，在资金充足的情况下，扩大经营范围，扩展价值链，将电视传媒产业与多个产业融合起来，利用电视传媒产业自身优势为其他产业提供服务；同时还可以将多余的人力、财力、物力投资于与电视媒体产业关联度较大的经营项目，还可以参与其他的项目，如餐饮、电影、旅游等其他行业。发展多元化关联度较大产业，能够充分利用电视传媒产业的资源，合理整合资源，避免资源的浪费。同时利用周边产业的价值发现，为电视传媒产业带来更多的盈利，利用资源整合效应，深度开发品牌栏目，打造商业价值品牌。只有进行充分的资源整合，才能厘清电视传媒产业与其他行业的合作，扩大价值链，提高产业价值。努力打造跨业合作，促进相关产业融合，为电视传媒产业的发展开启新的道路。

（二）推进网络整合，做好资源优化

三网融合的推进，对电视传媒产业是一个巨大的挑战，必须面对的就是资源优化，资源优化的重要前提就是网络整合。网络整合意味着国家广播电视总局要实现全国一张网或全省一张网的规划，让网络经营实行区域化管理，各个省都开始积极成立省级传媒集团公司。

网络整合涉及很多方面，包括资产、业务、技术等，可以采用由简单向复杂、由下向

上的方式逐级整合。我国电视传媒产业可以先对全省进行整合，将全省整合成一张网，然后再对全国进行整合，将全国整合成一张网。各省和全国可以成立省级传媒集团公司，同时各个市或者区成立分公司，由省级传媒集团公司负责管理和运营。因为各个地方环境不同、区域优势不同，可以因地制宜，采取适合地方发展的方式实施，同时对落后地区加大扶持力度，加快网络建设，保证各个地区的网络整合实施。还需要防范中央、省级、地方三者之间的利益冲突，保证三者之间的利益平衡，减少不必要的矛盾冲突，可以有助于加快网络整合，促进网台分离、局台分离，建立清晰的产权结构，保证资产重组的顺利实施。

随着我国科学技术不断发展，电视传媒产业的技术也在不断发展，正是因为技术的发展才导致了新媒体的产生，包括数字电视、网络电视、手机电视等。技术的发展也给电视传媒产业带来了巨大的增值空间，随着三网融合的进一步加深，网络整合标准将会统一，为社会创造更高的经济价值，同时也能提高电视传媒产业的服务效率，使得消费者的价值得到提升。

第四章　融媒体时代下的新闻传播微信平台应用

第一节　微信的发展与传播要点

一、微信的演变

微信是中国的一款极其流行的社交媒体应用程序，由腾讯公司开发。微信的研发肇始于 2010 年 10 月，微信的发展演变历经以下阶段。

第一，微信 1.0（2011 年）。最初版本的微信主要作为一个即时通信工具，允许用户发送文本消息、图片、语音消息等。这一版本奠定了微信的基础，开始了其快速普及之路。

第二，微信 2.0（2012 年）。微信 2.0 引入了更多功能，包括朋友圈（类似于 Facebook 的时间线功能），用户可以在朋友圈中发布文字、图片、链接等内容，与朋友分享生活状态。

第三，微信 3.0（2013 年）。微信 3.0 增加了语音通话功能，使得用户可以通过网络进行语音通话。此外，微信还加强了对公众号的支持，使企业和媒体可以在平台上建立自己的品牌和粉丝基础。

第四，微信支付（2013 年）。微信支付是在微信平台上推出的在线支付功能，用户可以通过微信支付进行转账、购物等。

第五，微信 4.0（2014 年）。微信 4.0 引入了小程序，这是一种轻量级的应用程序，用户无须下载安装即可在微信内使用。小程序为开发者提供了一个在微信平台上构建应用的方式。

第六，微信 5.0（2016 年）。微信 5.0 继续扩展小程序功能，加强了朋友圈的社交功能，使用户可以更加自由地发布和浏览内容。

第七，微信 6.0（2017 年）。微信 6.0 引入了"小游戏"功能，用户可以在微信内玩小型游戏。此外，微信还增加了一些安全和隐私功能，如"一键发起求助"和"聊天内容加密"。

第八，微信 7.0（2018 年）。微信 7.0 继续强化了小程序生态系统，加强了小程序的推广和使用。此外，微信还提升了其人工智能技术，推出了"小微助理"等功能。

第九，微信 8.0（2021 年）。微信 8.0 重视人性化与交互性功能，新增状态功能向好友展示心情，支持提取图片中的文字，加入短视频、直播功能，优化小程序下拉页面与浮窗转化，引入关怀模式让文字与按键更大更清晰，进一步提升好友人数上限，满足用户的社交需求。

总之，随着人们的需求增加，微信也将不断更新，逐步发展成一个功能丰富的综合性社交平台。

二、微信的传播特点

（一）时效性

在信息快速传播的今天，及时发布与时下热门话题相关的内容至关重要。微信平台的用户以追求时尚、关注热点为主，因此，及时捕捉并利用当前热点事件，将内容与之相结合，能够有效提高传播效果。通过紧跟时事，不仅可以吸引用户的兴趣，还能够在用户中引发热议和共鸣，进而激发用户参与、评论和分享的积极性。此外，时效性的传播还能够增加内容的曝光度，提升品牌或个人在微信平台上的知名度和影响力。因此，无论是品牌营销还是个人传播，都应充分利用时效性这一传播要素，与时俱进，紧密契合用户需求，实现更广泛、更有影响力的传播效果。

（二）多样性

在信息爆炸的时代，用户对内容呈现形式的需求越发多样化。微信作为一个多功能平台，允许用户通过文字、图片、视频、音频等多种形式进行传播。这种多样性的传播方式可以更好地满足不同用户的审美和消费习惯，提高传播内容的吸引力和影响力。

微信通过多样化的内容呈现，可以更好地吸引和保持用户的注意力。精彩的图片、有趣的视频、引人入胜的故事等形式多样的内容可以让用户在短时间内获得更多信息，从而更容易引起他们的共鸣和兴趣。

微信多样性的传播方式还可以增强用户互动。不同类型的内容可以激发不同形式的用户参与。例如，用户可以在文字内容下评论、在图片上点赞、在视频中分享等。这种互动不仅有助于扩大内容传播范围，还能够促进用户之间的交流和互动，增强内容的传播效果。

总之，多样性作为微信传播的要素，不仅能够满足用户多样化的需求，还能够增强传播内容的吸引力和互动性，从而实现更广泛、更有影响力的传播效果。

（三）个人化定制

随着信息大爆炸时代的来临，人们对于信息的获取更加趋向个性化和定制化。微信平台通过智能推荐算法和用户行为分析，能够为每个用户量身定制内容，满足其兴趣、需求和偏好。

微信的个人化定制能够显著提升传播效果。当用户看到与自己兴趣相关的内容时，更容易被吸引并留下来阅读、观看或互动。这不仅增加了用户留存率，还有助于引发用户的情感共鸣，从而促使他们更愿意分享和传播这些内容。

微信的个人化定制还可以增强用户参与度。用户感受到内容是为其量身定制的，会更有动力参与互动，如评论、点赞、分享等，从而扩大内容传播范围，吸引更多潜在受众。

微信个人化定制的传播还能够建立更紧密的用户关系。通过持续提供用户感兴趣的内容，可以培养用户对品牌、公众号或个人的忠诚度，使其成为长期的粉丝和支持者。个人化定制是微信传播不可或缺的要素，能够提升传播效果、增加用户参与度和建立更紧密的用户关系，从而实现更有针对性和影响力的传播。

（四）用户互动

用户互动在建立活跃社群和拓展影响力方面发挥着关键作用。微信作为社交媒体平台，强调用户之间的互动和交流，因此，鼓励用户参与互动是有效推动传播的关键策略。

第一，用户互动可以增强内容的传播效果。通过鼓励用户在评论区留言、点赞、分享等行为，不仅可以扩大内容的曝光范围，还能够吸引更多潜在受众的注意。用户互动传播的内容更容易引发共鸣，从而激发更多用户参与和互动。

第二，用户互动有助于建立真实、积极的社群氛围。用户在评论区的互动能够创造出有趣的对话和讨论，进一步吸引用户的兴趣，使其更愿意长时间停留在平台上，形成黏性和忠诚度。

第三，用户互动还可以促进内容的不断优化。用户的评论和反馈可以为内容创作者提供宝贵的意见和建议，帮助其改进和完善内容，从而逐步提升传播效果。

总之，用户互动是微信传播的不可或缺的要素，通过鼓励用户参与、评论、分享等行为，可以有效增强内容的传播范围和影响力，建立积极的社群氛围，同时也为内容的优化提供了重要的参考。

（五）引导分享

微信通过鼓励用户积极分享内容，可以有效地扩大信息传播范围，提高影响力。在微信平台上，合理设计分享按钮和文案是引导分享的重要手段。通过吸引人的文案和明显的分享按钮，鼓励用户将内容转发给自己的朋友圈或群聊，从而实现内容的传播。

引导分享不仅增加了内容的曝光度，还可以形成"口碑传播"的效应。当用户向自己的社交圈推荐内容时，往往带有个人信任和认可，这能够激发更多人的兴趣，进一步促成内容的传播。

社会化分享也有助于培养品牌忠诚度和粉丝群体，通过引导用户分享有价值的内容，可以增强用户与品牌之间的情感联系，使其更愿意成为长期的支持者和传播者。另外，引导分享可以通过一些奖励机制，如优惠券、抽奖等，进一步激发用户分享的积极性，促进传播。

总之，引导分享是微信传播不可或缺的要素，通过巧妙设计分享方式、文案和奖励机制，可以扩大传播范围、增加品牌影响力，并在社交网络中建立更强大的传播效果。

（六）社交关系

社交关系作为微信传播的关键要素，在信息传播中扮演着不可或缺的角色。微信作为社交平台，人们在微信上建立了广泛而深入的社交网络，这种社交关系对于内容传播具有重要影响。

第一，社交关系可以增强内容的传播范围。用户通过与朋友、家人、同事等的互动，将有趣或有价值的内容分享给他们，从而将信息传播至更广泛的社交圈子。这种"口口相传"的传播方式，具有更高的可信度和更大的影响力。

第二，社交关系能够提高内容的可信度。当用户收到来自信任关系的人分享的内容时，往往更容易相信并接受这些信息。这有助于提升传播内容的可信度和认可度，进而吸引更多人传播。

第三，社交关系也有助于引发情感共鸣。用户往往更愿意与熟悉的人分享能引发情感共鸣的内容，这种情感共鸣能够进一步激发用户的兴趣和传播欲望。

第四，社交关系能够加强用户参与度。在社交群体中，用户可能更愿意参与讨论、评论，甚至产生交流互动，从而进一步扩大传播范围，形成更大的影响。

总之，社交关系是微信传播的不可或缺的要素，通过社交网络的力量，可以有效地扩大传播范围、提升可信度、引发情感共鸣以及增强用户参与度，实现更广泛、更有影响力的内容传播。

（七）热点事件

热点事件能够极大地促进内容的传播范围和传播效果。微信作为一个即时信息传播平台，用户热衷于获取与时事和热点相关的内容，因此及时将内容与当前热点事件结合，能够迅速吸引用户的关注。

将内容与热点事件挂钩，不仅能够提高内容的曝光度，还能够扩大受众范围。用户在追踪热点事件时，更容易被相关内容吸引，从而促使他们阅读、互动和分享，进而实现传播效果的扩大。

热点事件还能够增加内容的时效性和紧迫感。用户希望第一时间获取有关热点事件的信息，因此及时发布相关内容能够满足他们的需求，提高用户的点击率和参与度。

此外，通过分析和把握热点事件的趋势，可以更好地制定传播策略。将内容与热点事件相结合，能够使内容更加贴近用户兴趣，增加点击率和互动，有助于提升传播效果。

总之，热点事件作为微信传播的要素，能够提高内容的曝光度、传播范围和传播效果，同时也增加内容的时效性和用户互动。因此，结合热点事件进行传播策略的制定，能够在微信平台上实现更大的影响力和更好的传播效果。

（八）引发情感共鸣

引发情感共鸣能够深刻地触动用户的情感，从而在传播过程中产生更深远的影响。情感是人类行为的驱动力之一，能够激发人们的关注、共鸣和参与。通过在微信上发布能够引发情感共鸣的内容，可以更好地吸引用户的注意。情感充沛的内容往往更能够打动用户，引发他们的情感共鸣，进而激发阅读、分享和评论等行为。

第一，情感共鸣能够增强用户参与度和互动。当用户感受到内容与自己的情感体验相关时，更容易参与讨论、表达意见，甚至分享自己的故事，从而形成更深入的互动，扩大传播范围。

第二，通过引发情感共鸣，可以建立更强烈的用户联结。当用户认为某个品牌、个人或内容与自己的情感和价值观相符时，他们更有可能成为长期的支持者和忠实的传播者。

第三，引发情感共鸣还能够培养用户的情感忠诚度。通过持续提供引发情感共鸣的内容，可以让用户对品牌或个人产生情感依赖，使其更愿意持续关注、传播和支持。

总之，引发情感共鸣能够吸引用户的关注、提高参与度和互动，并建立更深厚的用户联结和情感忠诚度，从而实现更好的影响和持久的传播效果。

（九）用户口碑

用户口碑在微信传播中扮演着至关重要的角色，它是一种有力的推动力，能够在用户之间迅速传播，并产生长期影响。

用户口碑是一种真实、直接的反馈，能够增强内容的可信度和影响力。当用户在微信上分享积极的评论、体验或推荐，其他用户更容易相信这些来自实际用户的意见，从而更有可能参与阅读、分享和互动。

积极的用户口碑能够在社交网络中迅速传播，形成传播的"病毒效应"。当一个用户分享了满意的内容或体验，其社交圈中的其他人可能会受到启发，也会开始传播，从而扩大内容的传播范围。

用户口碑还能够培养忠诚度和品牌认可度。当用户多次分享积极的体验，并受到好友的认可和赞同时，他们更有可能长期支持和关注相关品牌或内容，进一步扩大了内容的影响力。

然而，负面口碑也同样具有传播力，甚至可能更具影响力。因此，积极的内容和服务对于塑造良好的用户口碑至关重要，同时需要及时回应和解决负面意见，以维护声誉。

总而言之，用户口碑作为微信传播的要素，具有巨大的影响力。积极的口碑能够增强内容的可信度和传播效果，培养用户忠诚度和品牌认可度，从而在微信平台上实现更大的影响力和传播效果。

（十）品牌影响力

品牌影响力在微信传播中扮演着重要角色，它是建立和巩固品牌形象、吸引用户并推动传播的关键要素之一。微信平台为品牌打造了一个广泛的用户群体，通过有影响力的品牌形象，可以在这个庞大的受众中建立起积极的认知。良好的品牌形象能够赋予品牌更高的可信度和亲和力，从而吸引更多用户的关注。

品牌影响力在传播中具有传导性质。当一个品牌在微信上发布内容时，由于其已有的影响力，更容易被用户注意和传播。用户会更愿意转发、评论和分享来自有影响力品牌的内容，从而扩大传播范围。

借助微信的社交性质，有影响力的品牌可以与用户进行更紧密的互动。通过发布与用户兴趣相关的内容、举办互动活动或与用户互动等方式，品牌可以更好地与用户建立情感联结，增强品牌忠诚度。

品牌影响力也有助于建立合作伙伴关系，吸引合作伙伴共同参与传播。其他品牌或个人可能愿意与有影响力的品牌合作，共同推广内容，从而进一步扩大传播效果。

总之，微信通过建立积极的品牌形象、传递可信度、促进互动和吸引合作伙伴，品牌可以在微信平台上实现更广泛、更有影响力的传播效果。

（十一）反馈和优化

微信平台为内容创作者和品牌提供了与用户互动的机会，通过积极收集用户反馈并进行优化，可以实现更成功的传播。

用户的反馈是宝贵的资源，能够揭示内容的优势和不足之处。通过仔细倾听用户的评论、建议和意见，可以了解到用户的需求和期望，从而有针对性地进行调整和优化，提高内容的质量和吸引力。

反馈和优化也能够增加用户参与和忠诚度。当用户看到他们的反馈被采纳并产生实际影响时，他们更有可能继续参与、评论和分享，进一步扩大内容的传播范围。

及时进行优化还能够提高内容的竞争力。随着信息的迅速更新，持续改进内容能够保持与时俱进，使内容始终保持吸引力，抓住用户的关注，实现更大范围的传播。

此外，通过反馈和优化也能够建立信任。用户看到内容创作者或品牌对于反馈积极回应并做出改进，会认为其重视用户需求，从而提高信任度，增加用户对内容的认可和分享。

总之，反馈和优化是微信传播的不可或缺的要素。通过积极采纳用户反馈、持续改进和更新内容，可以提高传播效果、增加用户参与和忠诚度、建立信任和可信度，实现更有影响力的传播。

三、微信的传播职责

微信作为社交媒体平台，在信息传播和交流方面扮演着重要的角色，其传播职责体现在以下七个方面。

第一，信息传播与互联互通。微信通过朋友圈、公众号、群聊等功能，为用户提供了多种传播途径，使用户可以轻松分享自己的想法、生活、观点和信息。这种传播方式促进了人与人之间的互联互通，打破了地域限制，使得信息能够迅速传播到更广泛的受众群体，从而促进了社会各界的交流和互动。

第二，搭建平台促进用户互动。微信为用户提供了丰富多样的互动方式，如点赞、评论、分享等，鼓励用户在内容上进行积极的互动。平台也鼓励用户参与各种讨论、调查和投票，从而拉近用户之间的距离，建立更紧密的社交关系，促进信息的传播和交流。

第三，严把信息传播关。微信在信息传播方面也有一定的职责，要确保传播的内容合法、健康、积极向上。微信对发布的内容进行一定程度的审核，以杜绝低俗、虚假、不当的信息传播。这有助于保障用户的信息安全和精神健康，维护一个良好的网络环境。

第四，支持公益和社会责任。微信也积极支持公益事业和社会责任，鼓励用户通过平台传播正能量、宣传公益活动，帮助有需要的人群。微信平台上经常能看到有关募捐、救助、志愿活动等信息的传播，这有助于凝聚社会力量，推动公益事业的发展。

第五，创新技术与服务。微信不断引入新技术和功能，提供更多元化、便捷的服务，以满足用户的多样化需求。例如，微信小程序为用户提供了更为轻便的应用体验，通过将社交媒体和小程序相结合，能够更加灵活地进行内容传播和商业推广。

第六，保障用户隐私与信息安全。作为信息传播平台，微信有义务保障用户的隐私和信息安全。微信采取了一系列措施，如隐私设置、防骚扰功能等，保护用户的个人信息不被滥用和泄露，确保用户在平台上的安全感，增强用户对平台的信任感。

第七，提供反馈与改进机制。微信为用户提供了反馈渠道，鼓励用户提出意见和建议，以便持续改进和优化平台功能，提供更好的用户体验。用户的反馈能够帮助微信更好地满足用户需求，使得传播更加精准和高效。

总之，微信的传播职责体现在信息传播与互联互通、促进用户互动、严把信息传播关、支持公益和社会责任、创新技术与服务、保障用户隐私与信息安全以及提供反馈与改进机制等多个方面。作为一个社交媒体平台，微信承担着为用户提供多样化、健康、安全的信息传播和交流平台的重要责任。

四、微信的舆情传播特征与机制

微信舆情是指在微信平台上，关于某一特定事件、话题、人物等的公众舆论倾向和情感表达。这种舆情可以通过微信朋友圈、微信群、评论、转发等方式进行传播，反映了公众对于特定事件或话题的看法、态度和情感。微信舆情可以涵盖各种类型的信息，包括新闻事件、社会议题、娱乐八卦等，形成了一个复杂的信息传播网络。

(一) 微信的舆情传播特征

微信作为社交媒体平台，以其特有的互动方式和信息传播机制，形成了一系列显著的舆情传播特征。

第一，微信的舆情传播具有快速性。用户通过微信朋友圈、微信群等迅速分享信息，点赞、评论、转发等行为都能迅速触发信息扩散，从而在短时间内引发舆论的快速聚焦。这种快速性使得重大事件或突发状况的舆情能够在微信平台上迅速传递和聚集。

第二，微信的舆情传播具有广泛性。微信的用户群庞大，遍及各个年龄、职业、地域等层面，这使得微信成为信息传播的广泛渠道。舆情在微信上能够跨越地域限制，实现全球范围内的传播，进而形成广泛的舆论影响。这种广泛性也使得微信成了各类信息的集散地。

第三，微信的舆情传播具有个性化。用户可以根据自己的兴趣和需求，选择关注特定人物、主题，从而形成独特的信息流。微信朋友圈中的内容多样性，让每位用户可以根据自己的社交圈子和兴趣领域，定制属于自己的信息传播体验。这种个性化特征使得微信的舆情传播更具有针对性和更易引发情感共鸣。

第四，微信的舆情传播具有深度性。用户可以通过微信发布长文、图文、视频等多样化的内容形式，从而实现信息的深度传播。舆情在微信平台上不仅仅是简单的信息碎片，更能够以多样的形式展现事件的多面性和复杂性，引导用户深入思考和讨论。

总之，微信的舆情传播特征明显。快速、广泛、个性化和深度传播使得微信成了热点事件舆情的集散地，同时也需要公众、平台和监管方共同合作，维护积极健康的舆情传播。

（二）微信的舆情传播机制

融媒体时代，微信作为重要的社交媒体平台，不仅扮演了人们社交平台的角色，同时也成了舆情传播的重要渠道。微信的舆情传播机制在社会事件发生、信息传播等方面发挥着重要作用。

1. 微信舆论的扩散放大机制

微信舆论的扩散放大机制是其影响力和传播效果的重要基石。这一机制不仅能让信息迅速传播给广大受众，还促使舆论话题在短时间内形成热点，对社会和个人产生深远影响。

（1）微信舆论的扩散放大机制体现在信息传播的速度和广度上。当一个重要事件、一则新闻或某种观点在微信上发布后，用户可以通过朋友圈、群聊、私信等方式将信息传递到自己的社交圈。这种个人之间的传播模式，加上微信庞大的用户基数，使得信息在短时间内迅速蔓延。从个人到朋友圈，再到更广泛的社交网络，信息像涟漪一样扩散开来，触及越来越多的人。

（2）微信舆论的扩散放大机制还体现在用户互动的方式上。在微信中，用户可以对他人的信息进行点赞、评论、转发等，从而形成信息的多维度传播。当某条信息获得大量点赞和转发时，它就会引起更多人的关注，进而被更多人转发，形成信息传播的良性循环。用户之间的互动不仅加速了信息的传播，还将信息从个体的立场和情感赋予更加丰富的意义，使信息更具说服力和吸引力。

（3）微信的群聊功能也为信息的扩散、放大提供了便捷的渠道。用户可以将重要信息、讨论话题分享到群里，进而通过群内成员的转发和讨论，使信息更迅速地传播给更多人。不同类型的群聊，如家庭群、朋友群、兴趣群等，有助于信息在特定领域内得到高效传播。

总之，微信舆论的扩散放大机制在信息传播方面具有明显的优势，有助于信息快速传递和舆论热点的形成。然而，在利用这一机制的过程中，用户和社会也需要保持理性和警惕，加强对信息真实性的验证，形成更加健康、有益的信息传播环境。政府、媒体和公众都应当共同努力，使微信舆论传播机制发挥积极作用，为社会提供有价值的信息，推动信息社会的良性发展。

2. 微信舆论的消解沉淀机制

微信舆论的消解沉淀机制是该平台舆论传播过程中的一个关键方面，它在舆论话题的生命周期、舆论引导以及社会稳定等方面发挥着重要作用。

（1）微信舆论的消解沉淀机制体现在舆论话题的演变和减弱上。在微信上，舆论话题通常经历一个由热点到冷静的过程。当某一重要话题引起广泛讨论后，随着时间的推移，人们的关注度逐渐下降，新的话题不断涌现，导致之前的话题逐渐消退。这一机制有助于平衡舆论关注的焦点，避免长时间集中在某一话题上，从而维持舆论传播的多样性和平衡性。

（2）微信舆论的消解沉淀机制还体现在用户的观点演变和深思熟虑上。当一个舆论话题在微信上引发热议时，用户会在朋友圈、群聊等环境中表达自己的观点。然而，随着时间的推移，人们会逐渐冷静下来，重新审视问题，深入思考各种观点。这种机制有助于舆论不被个人情绪和短期影响所左右，促使舆论在更加理性和客观的基础上发展。

（3）微信的个人用户也可以通过自身的行为来推动舆论的消解沉淀。例如，用户可以通过分享更加深入的分析、资讯、观点等内容，让舆论话题得到更全面的讨论，从而引导舆论从表面现象深入思考问题的本质。

总之，微信舆论的消解沉淀机制在舆论传播中发挥着重要作用，有助于维持舆论的多样性、平衡性和理性。然而，在充分发挥这一机制的同时，需要注意平衡舆论话题的持续性和深度。政府、媒体和公众都可以共同努力，引导舆论逐渐深入，促进更加全面和深入的舆论讨论，为社会舆论环境的健康发展提供更多有益的力量。

第二节 微信公众号：新闻传播平台

微信公众平台目前包括微信公众号、微信小程序、企业微信等，是基于微信并面向公众传播信息的平台，可为组织或者个人提供便捷的信息获取与发布途径。"移动互联网高速发展的今天催生了媒介形态和种类的巨大变革，随着微信功能的增强与涉猎范围的扩大，微信公众号作为当下最具竞争力的新型媒介形式之一，已经渗透到人们家庭生活、社会生活等方方面面。"[1] 微信公众平台拥有巨大的微信用户基础，便于通过微信平台来进行公众号推广。

一、微信公众号的类型

第一，订阅号。为媒体和个人提供一种新的信息传播方式，以类似于报纸的形式提供资讯信息。一般情况，每天只可以群发一条信息，信息里面可以建立 8 篇文章。和腾讯有合作的特殊订阅号，也可以一天群发多条信息。订阅号在微信中以列表方式显示。订阅号在认证后可以有自定义菜单，未认证的订阅号没有菜单。

第二，服务号。为企业和组织提供更强大的业务服务与用户管理能力，侧重于服务交互。

第三，企业微信（原企业号）。用于企业办公。开设企业微信后，用户下载专门的企业版微信软件进行使用。在使用上，保持与微信一致的体验，除了丰富的免费办公应用功能之外，还能与微信消息、小程序、微信支付等互通。例如，在微信中收到了添加好友申请，可将他加为企业微信外部联系人；微信上的聊天记录可以转发给企业微信好友，反之亦可；在企业微信上可以与微信用户直接发起群聊。

二、微信公众号在新闻传播中的特点

微信公众号新闻大多是依靠手机、平板电脑等屏幕容量较小的载体进行传播，这些载体不仅影响了微信公众号新闻传播的形式，也影响了微信公众号新闻标题的语言特点。

第一，微信公众号新闻小屏幕呈现。微信公众号区别于报纸等媒体，一方面，微信公

---

① 王歌."精传播"与"强关系"：新闻类微信公众号的传播突破与交流优势［J］.新闻论坛，2023，37
（02）：94.

众平台以手机、平板电脑为载体推送内容，界面较小，展示方式需要适合手机阅读。因此推送内容不多，推送内容分行排列，推送标题较短。另一方面，订阅号界面中，不同的微信公众号分行排列，手机屏幕一般可以显示 2~3 个微信公众号，每个微信公众号只显示最近的推文，每个微信公众号呈现一个头条新闻及若干附属新闻，头条新闻配大图，附属新闻配小图，以引导读者第一时间阅读头条新闻，在出现重要新闻时，会采用一文一图推送形式，不配附属新闻，引导读者重点阅读。

第二，微信公众号新闻推送效率高。微信公众号新闻在推送时频率高、数量多，可以及时地让读者了解新闻内容。与传统报纸相比，微信公众号传播速度快、时效性更强。比如遇到突发性新闻事件时，微信公众号可以及时向用户推送一条微信消息，不必等第二天统一出刊，并且会在之后的一段时间内进行实时连续推送、报道，让读者第一时间了解事件的最新进展。

第三，微信公众号新闻内容多样化。微信平台使用人数多，推动微信公众号的多样化，当前的微信公众号新闻已囊括时事政治、政策宣传和社会生活百态等方面，涉及人们生活的各个领域。同时，微信公众号推送的新闻内容相较于传统媒体的"大而全"，可通过大数据计算，更好地迎合读者的阅读兴趣。

第四，微信公众号新闻传播途径多元化。微信平台的转发、转载的功能，为微信公众号新闻的传播提供了新的方式。传播新闻不再是媒体的"特权"，读者也可以随时向身边人传递，人人都可以成为新闻的传播者。微信公众号新闻读者地位的转变，可以让微信公众号新闻传播比以往更为快捷迅速，定位也更精准。第一时间掌握新闻的读者，可以通过微信私信、朋友圈等方式传播自己感兴趣的新闻，使微信公众号新闻传播途径多元化。

三、微信公众号在新闻传播中的应用价值

新闻工作者借助微信公众号传播新闻信息，可以适应新闻信息多样化的发展趋势。微信用户可以根据自身的爱好、需求检索并关注公众号，这样无疑能够提升他们的体验感。相较于传统媒体，微信公众号等新媒体的信息传播形式更加多元化，新闻工作者利用微信公众号传播新闻信息时不会受到时间与空间等因素的限制，时效性更强。

新闻工作者可以优化整合文字、图片、音视频等多种形式的新闻素材，这样不仅能够丰富新闻传播的形式和内容，方便受众理解新闻内容，还可以提升新闻传播速度，促使受众能够在第一时间了解到最新的新闻资讯。现如今，越来越多的企事业单位开始借助微信公众号进行品牌宣传推广，建立官方微信公众号，将各类信息发布上传至微信公众平台，用户可以利用碎片化时间浏览自身感兴趣的产品信息，并完成线上实时互动交流。除此之

外，微信公众号还有保存历史浏览记录的功能，因此，每个用户都可以找回自己遗漏的重要信息，避免新闻信息推广受限情况发生。

（一）受众定位明确

微信本身更加具有私密性，只有好友才能够互相发送信息。微信公众号亦是如此，只有用户关注了某个微信公众号，该公众号才可以向用户推送各项新闻信息。由此可见，微信公众号在新闻传播中的应用能够有效避免广告信息和无用信息的泛滥，同时，微信公众号可以利用其后台权限，防止该类问题的发生。而固定类型的受众则可以促使新闻媒体在利用微信公众号进行新闻信息传播时，科学准确地划分受众，根据受众的爱好及需求，为他们推送感兴趣的新闻信息。

微信公众号用户日常所接收的推送信息都是按照他们的个人喜好进行智能筛选的结果，受众定位明确的应用优势是微信公众号得以在新闻传播领域快速发展的一个重要原因。在此基础上，各类新闻信息能够被传递给真正需要的受众，这样无疑能最大限度地发挥出新闻信息本身的传播价值。微信公众号管理人员可以利用移动设备将最新加工编辑好的新闻信息推送给关注者，促使他们及时获取最新新闻资讯。

（二）维护新闻媒体与用户之间的关系

现代社会，新闻媒体可以借助微信公众号更好地维护其与用户之间的关系。新闻媒体工作者除了可以在微信公众号上及时向用户推送他们感兴趣的新闻信息外，还可以与他们进行实时互动交流，邀请他们参与新闻传播评价活动，发表各自的意见和观点，这样有利于营造良好的公众号互动交流氛围，促进用户与平台、用户与用户之间的互动交流。

基于微信公众号关注者反馈的各项意见及其日常浏览行为相关信息，新闻媒体能够准确及时地掌握大多数用户的实际需求，从而优化该公众号的新闻传播内容与形式，满足他们的不同需求，提升微信公众号用户的日常活跃度，发挥微信公众号的营销推广价值。微信公众号在新闻传播中的合理规范运用能够拉近新闻媒体与用户之间的距离，这是传统纸质媒体所不具备的新闻传播优势。

（三）挖掘新闻信息内涵

利用微信公众号进行新闻传播，除了能丰富和创新新闻传播的内容与方式，拉近新闻媒体与用户之间的距离之外，还有利于用户挖掘新闻信息的内涵，使其全面深入地了解新闻事件的真实情况。现如今，越来越多的新闻媒体建立了官方微信公众号，利用公众号向关注者推送最新的社会热门新闻事件，并加入新闻工作者独到的见解。用户则可以自行深入挖掘新闻事件的起因、过程以及结果，并与公众号管理者进行互动交流。

新闻工作者在微信公众号上围绕该事件进行深入跟踪报道，使用户能够随时随地了解新闻事件的后续发展。新闻媒体可以借助微信公众号开设不同类型的栏目，根据栏目特点优化整合各类新闻素材，为用户推送具有一定价值的新闻信息，并与用户进行实时互动交流，为他们答疑解惑，帮助他们深入了解新闻信息的内涵。

四、微信公众号与传统新闻媒体的融合发展

（一）微信传播对传统新闻媒体产生的影响

1. 转变传播价值观念

以往传统新闻行业更坚持正面宣传和发挥舆论导向作用，在服务民众方面相对欠缺。而互联网时代，传媒所面对的环境、格局等方面都有所变化，且新媒体平台的运用使得人们获取信息的渠道更多样化，同时信息获取速度也大幅度提高，还可根据自身的需求选择相关信息进行阅读浏览。这种情况下传统新闻媒体借助微信公众号，突出"信息服务"作用，人们只要登录微信，打开该媒体的公众号就可及时了解相关地区的新闻、美食、天气等，为人们的生活出行提供更多便利服务。

对于传统新闻媒体来说，社交媒体时代的开启、微信公众号的运用，可对其原有的传播价值观念产生冲击，传统新闻行业需要进一步更新观念，加强对社会大众需求的重视，所传播的内容更能反映人民心声，更满足社会大众的需求，才能突出其服务作用，受到社会大众的青睐。

2. 转变传播角色

传统新闻媒体传播信息以发售报纸的方式为主，且其传播角色主要为单纯的新闻信息发布者，而互联网环境下，大众获取信息渠道增多，再加上微信公众号新闻的"免费性""时效性"等特点，使得以往很多传统新闻媒体的受众选择使用微信来获取自己想要的信息。但对于大众来说，其所获取信息的渠道多样化，即便在订阅新闻媒体微信公众号后也可随时取消，转向其他新闻媒体微信订阅号或选择其他方式。

社交媒体时代，传统新闻媒体借助微信公众号想要实现长远发展目标，其传播角色也受到影响，需要提高自身的网络黏性，能够在传播信息的基础上不断创新开发，提供更多个性化服务，以及与订阅者保持良好的沟通互动关系，这样才能更好地了解订阅者的需

求、想法和建议，及时完成反馈调整。

3. 转变编辑方式

传统新闻媒体的受众群体年龄相对偏大，所以传统新闻媒体借助微信公众号进行信息传播，其编辑方式也受到一定影响。以往新闻媒体编辑形式较为单一，文字内容严肃，而为更好地迎合微信用户的需求，贴合微信用户的实际生活特点和风格，编辑形式需加强创新，转变为多媒体的、诙谐活泼的形式。

在信息推送时可合理运用网络语言，且与用户进行互动时，只要语言表达文明，语意清晰准确，行文风格可不受限制，以满足用户的多样化需求。同时新媒体推送信息时，除基础的文字内容外，还涉及图片、视频等多种信息形式，可增强用户的视听体验，传统新闻媒体在转型创新时，也可借鉴新媒体编辑方式，将其合理运用于微信公众号中。

4. 转变传播方式

传统新闻媒体信息发布方式属于全新闻发布模式，新闻量较大，用户在阅读过程中需要在大量的新闻中选择感兴趣的新闻内容进行阅读。而创建新闻媒体微信公众号，新闻媒体可通过数据统计功能等，对用户属性、分享转发数等信息进行了解掌握，以更准确地获取用户的相关资料信息，如所在地区、性别、年龄、兴趣等。

借助微信传播平台的用户分组功能，可更为精准地为用户推送对应的新闻信息，同时用户也可根据自身需求通过快速查询的方式获取新闻信息，既节省时间，又可提高信息阅读的时效性、多样性和全面性。所以这种新媒体传播方式更能以用户为中心，传统新闻媒体在转型发展阶段更应有效运用该传播方式，强化服务理念。

（二）传统新闻媒体借助微信公众号传播发展模式

传统新闻媒体想要实现长远发展目标，还需要对自身的信息传播模式进行改进，有效运用微信公众号及时创新转型，以提高与新媒体的融合发展效果。针对建立用户服务平台、加强沟通互动力度、实现用户自主阅读、灵活推送新闻信息四个方面做出分析，体现传统新闻媒体与新媒体融合发展的有效作用。

1. 建立用户服务平台

利用微信公众号，建立用户服务平台，制定信息推送模式为"优质资源+关键词+导航式推送"，更好地向用户提供服务。

（1）优质资源。首先对日常新闻信息进行筛选，推送给用户"精选新闻"。其次可在不同时间段分别推送合适数量的图文信息，如早间推送一条至两条重大新闻、两条独家新闻等，午间推送两条财经新闻或其他类型的新闻，晚间根据近期社会热点事件话题推送相应的新闻信息，为满足微信用户需求，还可推送相关生活信息，以及新闻集锦内容。

（2）关键词。用户的需求多样化，根据用户的需求将信息进行分类，如天气、新闻、生活、时尚、方言、交友、饮食等。通过分析用户日常浏览的内容，获取用户的需求，可定期向用户推送相应的信息，同时用户也可在微信公众号内通过关键词搜索的方式及时获取相关信息。

（3）导航式推送。将不同类别的信息用导航框的方式进行划分，用户通过点击导航框，可选择自主阅读或人声自动播放的方式完成信息的浏览。同时开创互动平台，用户可对信息发表想法意见，查看其他用户的评论，以及与其他用户进行互动交流，且用户也可与媒体之间进行交流互动。

2. 加强沟通互动力度

初期微信的功能属性被界定为社交工具，多数微信用户也将其作为一个点对点的即时沟通工具，但随着微信公众平台的开发应用，其功能属性不仅具备社交特点，还包含媒介和媒体，这种情况下传统新闻媒体可充分利用微信公众平台，加强与用户的沟通互动力度，同时也为用户提供更多表达建议想法的空间。

（1）用户在订阅新闻媒体微信公众号后，用户可通过在对话框内发送文字、语音等方式与新闻媒体微信管理团队进行沟通互动，可根据用户的需求及时为用户推送相关信息，若用户提出相关问题，工作人员也可在第一时间了解并予以解决处理。

（2）新闻媒体可在微信公众平台上开发互动栏目，用户通过点击进入相应的社区广场，既可自主发表相关话题，也可回复、点赞、分享其他用户发表的话题，这样既可提高用户之间的互动性，也便于新闻媒体管理团队了解用户的需求和兴趣，以及从用户的话题中收集新闻线索。

（3）新闻媒体在线上开发运用互动功能的同时，也可开展线下交友互动活动，吸引更多用户，提高用户的黏性。

3. 实现用户自主阅读

以往新闻媒体官方微信公众号在维护与用户的关系时更多以信息传播推送为主，但想要更好地创新转型，提高自身发展水平，还应增强用户的阅读体验，实现用户自主阅读。

新闻媒体微信公众号可采取二级阅读界面形式：第一级以新闻标题、图片、文字导读为主，用户可通过快速浏览的方式进行自主选择；第二级将信息全部内容展示，满足用户需求，提高用户阅读的自主便捷性。同时新闻媒体微信公众平台还可提高对语音推送的关注度，用户可通过点击相应的栏目版块进入不同的信息类别，在主播语音推送的情况下完成信息内容的了解。这种方式相比用户对文字图片进行阅读浏览来说，更具亲和感，更能吸引用户，强化与用户之间的关系。

4. 灵活推送新闻信息

新闻媒体微信公众平台应根据工作日、新闻信息量等条件对新闻信息的推送时间进行灵活调整，以确保新闻信息推送的时效性、完整性和合理性。

（1）在工作日应保持固定时间的新闻信息推送模式，如早上七点推送今日天气信息、新闻导语等，主要采取语音推送方式。上午九点至十一点推送精选的三条至五条新闻信息，用户可自主选择信息阅读方式。晚上七点至九点根据用户的兴趣需求有针对性地推送三条至五条图文信息。

（2）在休息日应调整信息推送时间，将晚间推送时间改为下午。另外，对于突发新闻应保持随时推送模式，同时针对法定节假日，也可根据放假时间对新闻信息推送时间进行合理调整。保持信息推送的灵活性，可弥补新闻媒体对突发性信息传播不及时的问题。

五、微信公众号在新闻传播中的实践应用模式

（一）提升新闻传播的时效性

利用微信公众号进行新闻传播，能够帮助新闻媒体提升新闻传播的时效性，使新闻传播不再受到时间与空间等因素的限制。新闻工作者在利用微信公众号开展新闻传播活动时，需要对相关信息进行优化选择，结合公众号用户的需求特点与浏览行为，合理选择他们感兴趣的素材，并对其进行编辑加工，这样才能吸引用户长期关注，使其愿意将公众号分享给他人，从而帮助新闻媒体积累更多潜在用户。而如果新闻工作者选择的话题、素材不合适，那么不仅无法有效吸引更多新用户，还会造成大量老用户的流失。从当前我国微信公众号的关注群体来看，绝大多数用户为中青年人，他们对娱乐、时政、历史、科技、艺术、文学等内容更感兴趣。因此，在新闻传播过程中，新闻工作者需要根据目标受众的爱好及需求，推送与其密切相关的新闻内容。除此之外，微信公众号的管理者还需要加强与用户之间的互动交流，做好咨询服务工作，为其推送新闻事件的后续发展动态，提高新闻传播的时效性，这样有利于增强该公众号的用户黏性，避免用户流失。

借助微信公众号加强新闻深度报道，在新媒体时代背景下，人人都可以利用移动设备上网获取新闻信息，信息碎片化趋势日益显著，这对传统媒体的新闻报道工作提出了更大的挑战。为了吸引更多受众，新闻工作者必须借助新媒体平台展开新闻深度报道。新闻媒

体借助微信公众号加强新闻深度报道是极其有必要的，虽然当前人民群众在日常生活中接收的信息较为表层化，但是其有追求事件真相的权利。因此，新闻工作者要在微信公众平台上展开新闻事件的深度报道，其作为一种深入挖掘并阐明事实真相的新闻报道方式，更多的是挖掘新闻事件后的故事、因果以及未来的走向。传统媒体在运营微信公众号的过程中，要充分发挥自身的权威性，利用好自身良好的社会形象，在报道社会热门事件时加入新闻工作者的独特见解，为受众提供具有更高新闻传播价值的独家报道，以此有效提升新闻传播内容的质量，增强用户黏性。

充分发挥微信公众号在新闻传播中的价值作用，新闻媒体需要加强新闻深度报道，一方面要收集整理大量有价值的新闻素材，另一方面需要优化整合素材，进行编辑加工，生成高质量的新闻报道，这样才能吸引更多用户。

总之，当今越来越多的人依赖微信这一社交软件进行学习、工作、生活。在新闻传播实践中合理运用微信公众号，不仅能帮助新闻媒体打造出良好的品牌形象，还可以方便新闻媒体向用户及时推送他们感兴趣的新闻信息，提升新闻传播质量，赢得更多用户的长期支持。因此，新闻媒体需要借助微信公众号开展高质量的新闻传播工作。在利用微信公众号进行新闻传播时，新闻工作者要注意创新完善新闻传播内容，根据用户的实际需求，为其精准推送新闻信息。

（二）树立良好的新闻媒体形象

新闻媒体在利用微信公众号进行新闻传播时，要注意采集整理真实可靠的新闻素材，并对其进行优化编辑，融入新闻工作者独到的见解，这样有利于提升新闻传播质量，在用户中树立起良好的媒体形象，为新闻媒体培养更多忠实用户，提高微信公众号的受关注程度。比如，如果微信公众号的用户主要是中青年男性，那么公众号管理者就可以通过设置头像、改变新闻播报语气以及推送科技、军事、时事政治以及国际社会新闻等方式，激发男性用户对公众号的兴趣。新闻工作者要借助各种渠道收集新闻素材，并对素材进行深度加工，挖掘出其中蕴含的更多信息，创作、发表文章，供公众号关注者浏览阅读，扩大新闻传播的范围。

（三）加强新闻传播互动

在微信公众平台上，每个用户都有选择关注某个公众号的权利，他们可以完全按照自身的爱好需求，自主选择想要关注的对象和想要浏览的新闻信息，避免受到那些无用信息或广告信息的干扰。微信公众号正是凭借这种自主性和封闭性赢得了众多用户的长期认可和青睐。新闻工作者在利用微信公众号传播新闻信息时，要重视加强与用户之间的互动交流，可以在公众号上创建用户评论区，方便用户进行留言，发表自己的观点与见解，并对新闻信息进行转发分享，扩大新闻信息的传播范围。这种方式能够加强新闻传播互动，促使新闻媒体官方微信公众号的影响力不断提升，从而吸引更多的用户关注，帮助用户获取其感兴趣的新闻信息。

此外，在微信公众号日常运营管理工作中，新闻工作者还可以综合采用同步直播、转发集赞领奖品、参与评论抽奖等方式，获取更多潜在用户的关注，提高新闻信息的阅读量和转发。至于那些有关国家时政的公众号，可以采取更为严肃的方式与用户进行互动。

第三节　融媒体时代下的新闻传播微信公众号的传播策略

"融媒体时代，微信公众号已经成为信息传播的重要途径，且信息产品的内容和结构、受众心理和习惯以及传播终端的形态和功能都发生了革命性变化，为在融媒体时代保持竞争优势，微信公众号的运营与创新就成为拓展自身品牌的重要途径之一和提升传播力、引导力、影响力、公信力的主要途径。"[①] 融媒体时代下的新闻传播微信公众号的传播策略如下。

一、坚持价值导向

在当今融媒体时代，微信公众号作为新闻传播的重要平台，其传播策略需要在不断变化的传播环境中坚持价值导向。在信息泛滥的背景下，价值导向的内容不仅能够提供有益的信息，还能够塑造公众号的形象和影响力。

价值导向是指在内容创作和传播过程中，始终秉持积极、有益、真实的价值观，以服务公众利益为宗旨。在融媒体时代，信息传播的速度和范围不断扩大，但同时也伴随着谣言、虚假信息等问题。微信公众号要在激烈的竞争中脱颖而出，就必须坚持价值导向，为受众提供真实、有价值的信息。

坚持价值导向需要确立明确的编辑方针和内容标准，微信公众号的编辑团队应该对内容进行审核、筛选，确保内容的准确性和真实性。此外，还要注重内容的可信度和权威性，避免发布没有来源或不可靠的信息。在选择报道主题和角度时，也要关注社会公共利

① 刘桂扬. 融媒体时代微信公众号的运营与创新 [J]. 西部广播电视，2018（24）：33.

益，推出有益的社会议题和人文故事。

除了真实性和准确性，微信公众号还应该在内容创作中秉持积极的价值观。正能量的内容能够激发读者的共鸣，传播积极向上的情感和价值观。这种正面影响不仅有助于提升读者对公众号的信任，还能够积极引导社会舆论，促进社会的和谐发展。

总之，融媒体时代下，微信公众号的传播策略应当坚持价值导向。通过提供真实、高质量、积极的内容，树立公众号的良好形象，为受众提供有益的信息体验。在信息泛滥的环境中，坚守价值导向原则是微信公众号稳定发展的基石，也是传媒责任的体现。只有通过价值导向，微信公众号才能在新闻传播领域取得持久的影响力。

二、深度挖掘与精准定位

在融媒体时代，微信公众号作为新闻传播的重要平台，其传播策略正经历着前所未有的变革。在多元化信息涌入的环境中，如何实现有效的传播已成为一个亟待解决的问题。

第一，深度挖掘是微信公众号传播策略中的重要一环。在信息爆炸的时代，浅尝辄止的信息无法引起受众的兴趣和共鸣。因此，微信公众号需要具备深度挖掘的能力，深入挖掘新闻事件的内涵，分析事件背后的原因和影响，为受众提供更为全面、深入的报道。深度挖掘可以通过调查报道、专题分析、人物访谈等形式实现，使读者在阅读过程中能够获得更多的信息和思考。

第二，精准定位也是微信公众号传播策略的关键要素。在互联网时代，每个人都有不同的兴趣、需求和偏好，因此传播内容的精准定位显得尤为重要。微信公众号需要通过数据分析和用户调研等手段，准确把握目标受众的特点，了解他们的喜好和关注点，从而为其量身定制内容。这种个性化的定位可以提高受众的阅读体验，增加用户的黏性和互动性。

第三，实现深度挖掘与精准定位并非易事，需要微信公众号具备多方面的能力。首先，编辑团队需要具备较高的专业素养和深度思考能力，能够挖掘出独特的观点和见解。其次，数据分析和用户调研团队的角色不可忽视，他们可以为内容创制提供有力的支持。另外，技术手段的运用也是不可或缺的，通过人工智能等技术，可以更好地了解用户的喜好和行为，从而进行更加精准的内容定位。

总之，融媒体时代下，微信公众号的传播策略需要在深度挖掘和精准定位上下功夫。通过深入挖掘新闻事件，为受众提供有深度、有价值的信息；通过精准定位，为受众量身定制内容，提升用户体验。这种策略的实施需要编辑、数据分析、技术等多方面的合作，只有在多方共同努力下，微信公众号才能在新闻传播领域取得更大的成功。

三、多样化内容创制

随着科技的不断进步和社会的不断发展，融媒体时代已经全面来临，新闻传播方式也发生了翻天覆地的变化。在这个数字化、信息化的时代背景下，微信公众号作为一种重要的新闻传播平台，其传播策略也在不断地进行创新和调整。

在融媒体时代，人们的信息获取途径多元化，对于新闻内容的需求也更加广泛。微信公众号作为一个会聚了众多用户的平台，要想在竞争激烈的传播环境中脱颖而出，就必须注重内容的多样性和创新性。首先，内容的多样化体现在涵盖的主题广度上。一个成功的微信公众号不仅应该涵盖硬新闻、时事热点，还应该关注人文历史、科技前沿、生活方式等各个领域，以满足不同用户的兴趣需求。其次，多样化也表现在形式上，包括图文并茂的报道、深度剖析的分析文章、幽默风趣的内容等。这种多样化的内容创制可以吸引不同类型的读者，提高用户黏性和增强传播效果。

针对多样化内容创制的挑战，微信公众号需要积极进行创新。首先，建立一个高效的编辑团队，吸纳具有不同专业背景和优秀写作能力的编辑人才，以确保内容在多个领域都能保持高水平。其次，紧跟时事热点和社会趋势，及时调整内容创作方向，保持与读者的同步。再次，要善于挖掘独特的内容，与其他传媒平台形成差异化竞争。最后，多媒体元素的运用也是创新的一种体现，包括图片、视频、音频等，可以更生动地呈现信息，增强用户的阅读体验。

总之，融媒体时代下微信公众号的传播策略在多样化内容创制方面具有重要意义。通过广泛涵盖不同主题、采用多样的形式进行创新，可以更好地满足用户的需求，提高内容的吸引力和传播效果。随着时代的不断发展，微信公众号的传播策略也将继续演变，为新闻传播领域带来更多的可能性。

四、优化推送机制

在融媒体时代，微信公众号作为新闻传播的关键平台，其传播策略必须不断地适应用户需求和技术发展。在众多传播策略中，优化推送机制是保持受众兴趣、提高传播效果的关键一环。

微信公众号的信息推送机制是保证用户关注、提高内容传播度的关键。为了更好地满足用户的需求，微信公众号应该进行优化推送。首先，可以根据用户的兴趣标签和行为记录进行智能推荐，将更符合用户兴趣的内容呈现在前面。其次，可以设置个性化的推送时间，根据用户的活跃时间段进行定时推送，提高用户阅读的可能性。

随着人工智能和数据分析的发展，微信公众号可以更精准地进行推送优化。通过分析用户的浏览历史、点击行为、互动情况等数据，可以了解用户的兴趣偏好，从而进行更加智能化的内容推荐。此外，也可以根据用户所在地区、年龄段等信息进行分析，实现更精准的推送定制。微信公众号需要在个性化推送与信息多样性之间找到平衡点，为用户提供多样化的内容，同时又不过度依赖个性化推送。

总之，融媒体时代下，微信公众号的传播策略应当注重优化推送机制。通过智能推荐、个性化定时推送等手段，满足用户的兴趣需求，提高内容的传播效果。但在优化推送机制中，也要注意保持信息多样性，避免过度个性化造成信息封闭的局面。通过科技手段的支持，微信公众号可以更好地实现信息传播的目标，为用户提供更加有价值的阅读体验。

五、强化社交互动

在融媒体时代，微信公众号作为新闻传播的主要渠道之一，其传播策略必须与时俱进，以适应不断变化的传播环境。其中，强化社交互动成为微信公众号传播策略中不可或缺的一环。

社交互动是新闻传播的核心要素之一，微信公众号可以通过多种方式来强化社交互动。首先，可以引入互动性强的内容，如投票、问答、抽奖等，吸引受众积极参与。其次，积极回应读者的留言和评论，与读者进行互动交流，增强读者的参与感和忠诚度。最后，也可以借助社交媒体平台，如微信群、微信朋友圈，与读者分享更多的互动内容。

强化社交互动不仅能够增加用户的参与度，还能够提高内容的传播效果。当用户参与到互动中时，他们会更愿意分享有趣或有价值的内容，从而扩大信息的传播范围。此外，互动也可以帮助微信公众号更好地了解读者的需求和反馈，从而调整内容创作的方向，实现更精准的传播。

实施强化社交互动的关键，在于与读者建立更加密切的联系。首先，微信公众号需要保持活跃，定期更新内容，以保持读者的关注。其次，要重视读者的反馈，积极回应留言和评论，展示关注和关心。最后，定期举办有趣的互动活动，如线上讲座、问答比赛等，可以进一步拉近与读者之间的距离。

总之，融媒体时代下，微信公众号的传播策略应当注重强化社交互动。通过引入互动性内容、积极回应读者、借助社交媒体平台等手段，实现与读者的密切互动，提升用户参与度和内容传播效果。通过这种策略的实施，微信公众号可以在激烈的传播竞争中脱颖而出，取得更大的成功。

六、跨平台传播与合作共赢

在融媒体时代，微信公众号作为新闻传播的重要渠道，其传播策略必须与时俱进，紧跟技术和社会发展的步伐。跨平台传播与合作共赢成为微信公众号传播策略的关键要素。

跨平台传播是指在多个不同的传播平台上进行内容传播，以扩大信息的覆盖范围和影响力。微信公众号可以通过与其他社交媒体、视频平台、新闻网站等合作，将内容在不同平台上推广。例如，将微信公众号的新闻内容制作成短视频，在视频平台上发布，吸引更多受众的关注；或者通过与新闻网站合作，进行互相引用，增加新闻报道的可信度和权威性。

第一，合作共赢是微信公众号传播策略中的重要方面。在融媒体时代，信息传播需要各方的合力推动。微信公众号可以通过与其他媒体、机构、专家等进行合作，共同制作内容，实现互利共赢。例如，与专家合作撰写深度解读文章，提升内容的专业性和权威性；与其他媒体合作进行联合报道，扩大报道范围，吸引更多读者的关注。

第二，跨平台传播与合作共赢的实施需要一定的策略和方法。首先，微信公众号需要选择合适的合作伙伴，确保其在同一领域有一定的影响力和声誉。其次，需要制订详细的合作计划，明确双方的责任和权益。最后，要善于创新合作模式，尝试不同的合作方式，以达到更好的传播效果。

第五章　融媒体时代下的短视频新闻传播思考

第一节　短视频的发展与传播要点

一、短视频的发展

短视频通常是指在相对较短的时间内（通常是几秒到几分钟）展示内容的视频。这些视频通常用于在社交媒体平台上分享有趣、有创意或有价值的信息。短视频平台允许用户通过录制、编辑和分享短视频来表达自己的观点、娱乐或展示自己的才华。这些视频可以包括各种内容，如搞笑片段、舞蹈、音乐表演、美食制作、教程、宠物趣事等。中国常用的短视频平台包括：抖音、快手、微视、美拍等。

现在，短视频行业的发展速度逐渐放缓，从早期爆发式增长过渡到当下的高质量发展，逐渐进入存量优化、提质增效的新发展阶段。短视频平台已经成为网民在传统媒体、传统网站、"两微一端"之外获取新闻信息、日常资讯和生活服务的核心载体和平台。从传播渠道看，短视频平台由于用户数量的激增带来了传播渠道的拓展，目前已经成为主流传播渠道之一。短视频正逐渐对其他网络应用进行"渗透"，网络用户在社交平台、电商平台观看短视频的比重逐渐增加。

当前，短视频已经成为媒体深度融合阶段主流媒体创新布局、构建全媒体传播体系的重要和必选路径。在众多的传播渠道中，短视频平台已经成为网络用户的首选，在网民获取新闻资讯的渠道中，已经超过主流媒体的自有平台、新闻资讯聚合平台和社交平台等，短视频逐渐成为社会公众获取新闻资讯和主流媒体进行舆论宣传的重要阵地。主流媒体为了进一步适应网络环境，提升舆论引导、主流价值引领的效能，需要借力新渠道和新形式，由此带来了主流媒体的短视频化，即主流媒体自建短视频平台、入驻其他短视频平台、创新短视频内容产品、提升短视频运营能力等。未来，移动端创新、主旋律弘扬、主流化传播都离不开主流媒体的短视频内容生产和短视频产品创新。

媒体深度融合进程中，主流媒体与短视频平台相互借力、互动发展。一方面，短视频平台凭借"短视频+直播"成为重大热点新闻事件的传播渠道，短视频平台的主流化趋势日益凸显。主流媒体通过短视频平台进行舆论引导、传播主流价值的形式更加多元。另一方面，主流媒体的短视频化转向也向纵深发展，新闻短视频成为主流媒体内容创作、传播创新的重要手段。主流媒体凭借权威的信息渠道、广泛的社会影响力和公信力，以内容优质的新闻短视频吸引用户注意力，短视频的传播效能得到充分释放。

短视频逐渐渗透到社会公众生活的不同场景，从最初娱乐化、休闲化的闲暇使用，到现在媒介化、全景化的日常使用，短视频以不断拓展的垂直应用场景为社会公众提供不同侧面、不同类别、不同层面的服务与体验，成为社会公众媒介使用、多元互动的重要渠道。短视频创作主体日趋多元，知识类短视频的创作者既有院士、教授等专家学者，也有相关行业从业者组成的知识达人队伍，以及知识自媒体创作者或普通民众，知识创作的普及化带来了全民知识生产热潮。

如今的媒介技术条件下，无论是主流媒体的短视频探索，还是短视频平台的模式创新，均在深耕行业已有的可能性。而更多新的可能性的诞生，仍需要技术进步的持续赋能。技术创新不仅能够提高短视频内容生产效率，更能创新短视频产品的视听表达，优化短视频的算法推荐和版权保护。在这一系列变革的基础上，媒介技术的完善将进一步提升用户体验，进而为短视频行业可持续发展提供动力要素。未来，媒介技术形式的迭代将更加深刻地影响短视频的内容生产机制、场景营造模式以及交互体验方式，从积极的角度看，技术赋能将为短视频行业创新开辟新的发展空间。

二、短视频的传播要点

（一）短视频相对于传统媒体的优势

第一，深度化。在当下人人可进行视频化表达的信息时代，内容的进一步精细化处理，事实与观点的结合成为新媒体区别于传统媒体的优势。近年来，新媒体的发展尤其是新闻类的短视频，已不再趋向于新闻聚合，而是趋向不同媒体对于同一新闻事件的差异化报道，提供具有创造性且新颖的新闻分析，进而形成了核心竞争力。

第二，垂直化。信息容量在短时间内的大幅度提升，必然会导致冗余信息的产生。因此，短视频的信息内容通过大数据、云计算的算法提高了信息在传递过程中的传递速度和获取效率。目前的短视频平台利用算法使得信息可通过过滤、场景匹配等方式提高传播的范围，具备精确的指向性，使短视频的制作加入了更多维度的考量，在原有横向发展的大趋势下，垂直细分出更多领域。依据不同目标受众呈现出不同的主题以及表现手法，进一步满足用户的个性化需求。

第三，差异化。短视频与传统媒体的传播平台、接收端与接收状态的不同是两者的本质化区别，尤其是新闻类。新闻类消息在传统媒体中具有完整性，基于视听语言的结构较为成熟，适合在特定的时间段通过电视屏幕传输。而新闻类短视频则依托于移动互联网，时效性更强、题材更广，尤其以片段化或泛资讯、泛娱乐类内容见长。在相同题材的内容表达中，叙事方式、视听符号的运用乃至制作流程与传统媒体不尽相同。短视频时代下的新闻类短视频，更多作为重大新闻事件的补充，"vlog①新闻"便因此诞生。"vlog新闻"类短视频更聚焦于事件焦点、亮点或个体，受众面较广。而传统媒体的长视频侧重信息记录和传递的完整性，力求深度报道，相对而言受众面较窄。

总之，新媒体短视频的优势是在当下信息爆炸的网络时代，大众作为信息受众，接收信息的方式发生了本质的变化，以往整体性、完整性的信息获取方式逐渐碎片化、短暂化。而短视频基于其短小精悍、制作简单、在内容和形式上迎合了大众需求的优势，同时由于其传播性强与实用度和黏度高等特性，使得短视频站在了新媒体传播类型的风口，在一定程度上刺激了消费和经济，对传统媒体造成了冲击。而传统媒体也在新媒体的发展过程中吸取了经验，在内容上做深度化、在传播的广度上做垂直化、在形式上做差异化，这些是传统媒体在新时代的网络传播中做出的改变，并且已成为传统媒体融入当下社会的主要方式。

（二）短视频的传播类型

1. 娱乐类

娱乐类短视频包括歌舞型短视频、明星艺人型短视频、八卦趣闻型短视频、创意搞笑型短视频等。娱乐类短视频的特点主要体现在其互动性强、用户黏度高。视频创作者多为草根大众。这类短视频以搞笑创意为主，所以在平台上可以迅速斩获大批量的粉丝群体。同时这类短视频因其带有娱乐性和具有轻松幽默的特点，可以在很大程度上缓解人们在现实中的压力，给枯燥的生活带来一丝乐趣。

2. 剧情类

剧情类短视频包括搞笑型短视频、段子类短视频、恶搞型短视频、天性解放型短视频、剧情故事型短视频等。首先，短视频的统一特点是时间短，因此普通剧情类短视频的

---

① Vlog 全称为 Video Log，意思为"视频日志"，多为记录作者的个人生活日常，主题非常广泛，或是参加大型活动的记录，或是日常生活琐事的集合。

时间一般控制在 45 秒到 60 秒。其次，剧情类短视频用户的构成较为复杂。此类短视频因其具有广泛性与巨大数量受众群体的特性，在所有短视频内容分类中，此类短视频占据了极大的比重。剧情类短视频的特征如下。

（1）内容和风格沿袭"娱乐化"。目前国内各大平台上的剧情类短视频大都以娱乐为主，通过对生活场景的戏剧化重构和演绎，来满足观看者对"爽点"以及心理解压等方面的需求。

（2）制作"粗糙化"和表演"陌生化"。根据对"抖音"和其他平台短视频的分析，可发现大部分剧情类作品在整体制作上，呈现出"业余"或"半专业"的特征。此类短视频虽然较短，但其中所涉及的视听语言一应俱全。然而在这些方面，自媒体的创作水准明显要低于专业的影视摄制团队。

（3）"商业广告"味道浓厚。自媒体短视频作品在追求"变现"逻辑的需求下，会通过多种形式和渠道将短视频产品与商业融合，以实现个人或团队 IP 的"可持续发展"。剧情类短视频的创作者会尝试挖掘自身"硬广""软广"或"商品橱窗"等方面的变现价值，为后续的拍摄积极寻找"买单方"。

剧情类短视频在发展的过程中也存在着诸如"过度娱乐"与"同质化"的问题需要解决。

3. 影视类

影视类短视频包括影视解说型短视频、影视混剪型短视频、影视片段剪辑推广型短视频、影视盘点型短视频、影视创新型短视频等。这类短视频的最大特点在于其要在有限的时间内讲好电影剧情的同时，加入创作者的主观看法。因为短视频自身具有快、短、新的特点，所以要求创作者能够快速、有效地讲出影片的重点，让粉丝可以在短暂的时间内了解影片的剧情与相关热点话题。

4. 商业类

商业类短视频包括产品推广型短视频、营销养号型短视频、人文故事解说型短视频等。此类短视频最大的特点就在于推广相关产品或是以发布博眼球的短视频的形式来获取大量的关注与用户群体。商业类短视频在制作时就很明确地以盈利为根本目的。其中最为主要的盈利方式有三种：广告营销、短视频电商、内容付费。广告营销短视频的广告主要靠传统广告与原生广告。此类短视频中的传统广告大多是通过大数据运算来实现精准推送的，以此来提高客户转化率。原生广告是指一种新的消费者体验形式和一种新型的互动广告，原生广告以消费者平常的使用习惯为切入点，让消费者产生发自内心且自愿的消费体验。而短视频电商需要确立业务主体和发展方向。因为短视频平台对用户来说是一个娱乐社交平台，而电商对用户来说主要是用来满足购物需求的，因此短视频电商可能会透支视频的流量价值，所以要求此类商业性短视频必须在选择平台及受众群体中做好定位。

5. 政务宣传类

现在政务宣传类短视频迎来了新发展，在弘扬社会主义核心价值观、壮大主流舆论方面发挥了重要作用，创作出的主题和作品都呈现出新的特点。政务宣传类短视频创作主题方面的特点包括以下方面。

（1）政策、政务工作宣传。从 2018 年开始，越来越多的政务机构尝试在短视频平台注册并且发布短视频来宣传政务工作、宣讲和解读政策，获得了良好的传播效果。以入驻抖音短视频平台的中国人民解放军新闻传播中心网络部的官方抖音号"中国军网"为例。"中国军网"发布的短视频内容不仅展现了人民军队的血脉传承和铁血荣光，而且诠释了新时代革命军人的家国情怀和责任担当。

（2）塑造党政机构、公务人员形象。短视频的应用宣传在塑造党政机构、党政工作人员形象方面有着天然的优势，让网友从以前对其生硬、刻板的印象中跳脱出来，真正地了解到党政人员的工作生活状态，感知他们的艰辛与奋斗。

（3）弘扬社会主义核心价值观。讲述典型人物的典型故事，弘扬社会主义核心价值观是政务宣传类短视频创作的重要内容。其发布内容在重视青年人发展的同时也在不断地推陈出新，在思想上、行为上、三观塑造上对青年人进行正确的导向，将宣扬社会主义核心价值观的工作真正地落到了实处和深处。

6. 文化教育类

文化教育类短视频包括国学推广型短视频、历史讲解型短视频、国风音乐表演型短视频、二次元文化表演型短视频、普法型短视频等。目前是短视频流行的时代，短视频相比于"微信、微博通过文字讲述、利用图片辅助"的传统形式，拥有音画同步的传播方式，因此短视频在传播过程中的故事性和画面感于传播效果上会比微信、微博更强且更具有说明性，短视频能够更直接地冲击用户的多重感官，通过投稿、话题等互动方式可以让用户拥有更多参与感、群体感、场景感和代入感，短视频在传播过程中实现了更生动、更有情感的互动。

随着短视频的大火，这种新型传播方式已成为主流，各个短视频平台上有众多的教师及其团队、教育培训机构开设了抖音号，短视频平台已经成为融媒体大环境下网络传播和宣传的标配。其传播内容亦可以分为以下方面。

（1）情景剧或 vlog。采用此种内容展现形式的主要目的是将所要教授、宣传的内容或知识融入模拟的现实生活中去，让用户在观看时更加具有代入感和真实感。以这种形式来表现，会更加便于视频传播，但拍摄成本上也会提高，如抖音短视频创作账号"人生回答机"便通过剧情引导观众的方式将人世间的道理讲述给观众。

（2）真人讲解。以半身出镜的形式来拍摄，如讲述逻辑推理的账号"韶华"的作品便使用了这种方式。这种真人讲解形式的特点在于简单直观，只需要出镜的人在有限的时间内，以轻松生动、简洁易懂的方式表述其中内容。该方法适合较为简单、可以速记的知识内容的传播。

（3）实例教材。以教材上的内容为文字理论载体，以画外音解说的形式来讲述，会让观众更有上课的感觉，讲述的内容也会更加简单清晰，讲解内容也会较为全面且深入。但是，此类方法会导致传播性被削弱。大部分用户无法做到全身心投入，进而会影响点击量与传播量。

（4）课堂录像。课堂录像处理是对于所传播内容及讲解视频素材的二次剪辑，如宣讲时的录像、在线课程视频、相关活动记录等，这种方法也是有效传播相关内容的一种形式。

（5）思维导图拍摄。以思维导图为内容形式传播的优点在于用户是以第一视角观看，在所要讲述的内容及知识点的表现上较为清晰，拍摄成本低，但人设感低，不利于打造热点 IP，在讲述时代入感较差。

（6）记录教学生活。部分机构、学校、公司及个人，都在采用此方法。通过真实的拍摄及后期的剪辑处理来记录现实生活状态，以及有趣的事情等。

7. 生活科普类

生活科普类短视频包括情感分析型短视频、美食制作型短视频、探店寻访型短视频、衣着服饰穿搭型短视频、美妆评妆型短视频、母婴亲子型短视频、健康医疗型短视频等。

生活科普类短视频的特点为：此类短视频在创作内容上生活化。因其内容主要围绕生活中的各类话题展开，所以更容易满足粉丝对其内容实用性上的需要；观众接受门槛低。生活科普类短视频本质是在做知识的"解释"工作，即把严肃枯燥的专业理论，与观众实际生活中遇到的场景相结合，并转换为更容易让人接受的知识。"解释"知识的方式降低了观众的接受门槛，因此受众范围较广。

8. 新奇创新类

新奇创新类短视频包括技术特效型短视频（影视特效应用、运镜调度剪辑、极限运动等）、理财投资型短视频、探索新奇型短视频等。此类短视频拥有较高的技术门槛。此类短视频创作者在其自身能力及技术上具有很强的实操性与创新性；此类短视频具有较强的生活性。随着人民物质条件的不断提高，对于精神文化的需要和对于新鲜事物的接受度也在不断提高。在此情况下大众对此类短视频的新鲜度及接受程度也会随之提高，让人们在工作学习之余可以接触到新鲜的事物并拓宽自身的眼界。

（三）短视频的传播逻辑

短视频作为一种新兴的媒体形式，具有独特的传播逻辑。短视频的传播逻辑具体体现在以下方面。

第一，短视频的市场逻辑。短视频市场的兴起源于人们对于快速、简洁、娱乐性强的内容的需求。在快节奏的现代生活中，人们越发倾向于迅速获取信息、娱乐和知识。短视频以其短时限的特点，能够在几十秒到几分钟内呈现吸引人的内容，迎合了人们碎片化时间的使用习惯。同时，短视频为创作者提供了一个相对低门槛的创作和传播平台，吸引了大量有创意的个人和团体。

第二，短视频的用户逻辑。短视频的用户逻辑主要体现在轻松、娱乐和社交方面。用户通过观看短视频可以迅速获得信息、欣赏有趣的内容，或者在碎片化的时间内得到放松。此外，短视频平台提供了社交功能，使用户可以关注、评论、分享自己喜欢的视频，从而建立社交联系。用户通过与短视频内容互动，不仅满足了娱乐和消遣的需求，还能够获得一种社交认同感。

第三，短视频的产品逻辑。短视频的产品逻辑主要包括内容推荐、创作工具和用户互动。平台通过算法分析用户的兴趣和行为，为其推荐可能感兴趣的短视频内容，从而提高用户黏性。创作者可以利用平台提供各种创作工具，制作丰富多样的短视频内容。此外，用户互动也是产品逻辑的重要组成部分，包括评论、点赞、分享等功能，这些互动能够增强用户对内容的参与感。

第四，短视频的运营逻辑。短视频的运营逻辑主要包括内容生态、商业变现和用户运营。平台需要建立一个丰富多样的内容生态，吸引优质创作者加入并产生优质内容，从而吸引更多用户。商业变现方面，短视频平台通常通过广告投放、付费订阅、虚拟礼物等方式实现盈利。用户运营包括引导用户活跃、增加用户黏性以及建立用户社区，使用户更加投入于平台生态。

总之，短视频传播逻辑紧密地围绕着市场需求、用户行为、产品设计和运营策略展开，通过提供快速、娱乐性强、社交化的内容，满足了现代社会人们碎片化时间的消费需求，同时也为创作者和平台本身创造了商业价值。

第二节　短视频新闻传播的能力提升

"短视频作为一种新的传播形态出现，运用于新闻传播，产生了短视频新闻。"[①] 短视频新闻是数字时代新闻传播的一个重要组成部分，具有强大的传播力和吸引力。然而，新闻机构需要平衡速度与准确性，确保短视频新闻在迅速传递信息的同时，不损害信息的可信度和深度。

一、强化用户思维，找准定位，突出差异

报纸、广电等主流媒体纷纷入局短视频赛道，要发挥好短视频的优势。

第一，突破"大屏"新闻的生产思维，比如转换话语体系，从内容到叙事更具贴近性和服务性，更具用户思维。

第二，找准定位，办出特色，打造明星栏目，使视频号区别于传统电视台、纸媒。当然，两者是相辅相成的，既要发挥传统媒体的优势，又要展现新媒体的魅力。

第三，当前主流媒体在短视频新闻的探索上比较注重差异化。比如北京电视台主打突发事件短视频新闻报道，在语言表达上兼顾严肃和活泼；河南电视台则侧重"正能量"短视频，获得受众好评；《新京报》"我们视频"主打"硬新闻""动新闻"等。但是这些媒体短视频的相同点就是关注社会热点，具有独家新闻或独特视角，重视新闻的服务性和互动性，尊重新媒体传播规律。

二、深耕地方民生新闻，服务于地方

新闻具有明显的地域性，虽然新媒体传播环境下新闻的地域性被减弱，但是从受众的接受心理来讲，发生在当地的新闻仍具有最强烈的吸引力。主流媒体打造短视频新闻，仍要深耕地方新闻，抓住本地受众的流量。新媒体时代，受众参与新闻传播的意识增强，民生内容成为短视频新闻的重要内容版块。面对这样的情况，主流媒体要强化本地民生新闻的制作，满足受众需求。而主流媒体的权威性和公信力，使民生新闻具有较强的受众基础。

民生新闻短视频为地方民生新闻的发展提供了机遇，新闻工作者要深挖民生新闻的展现形式，打造精品视频栏目，不断提升主流媒体的影响力，实现民生新闻在技术冲击下的

创新发展。

三、以用户需求为导向，设置信息服务功能

新媒体传播不仅改变了受众的阅读习惯，也改变了用户接收信息的方式。为用户提供良好的用户体验成为媒体占领市场的重要手段。

主流媒体在视频号的打造上要利用大数据分析受众特性，根据其年龄、职业、文化等特点设置对应的信息服务功能。当下受众比较看重的是互动性，希望在观看视频时能进行交流。当前的短视频 App 在功能设置上都具有转发、点赞、评论功能，有的甚至具有跨平台转发的功能。主流媒体在运用这些平台时，要对平台功能进行细致研究，比如设置子栏目，将视频分类细化，设置更加科学的检索关键词，方便受众找到该视频；关注公众号界面颜色、内容定位、栏目风格、标题制作等这些可能对用户观感产生影响的因素，尽量优化观感体验，提高产品服务质量。

第三节　融媒体时代下的短视频新闻传播优势及路径

"随着大数据、人工智能等新技术的使用，基于移动端的视频内容聚集了大量的注意力，'新闻+短视频'的传播模式成为新闻媒体在移动端进行内容生产的着力点。"[1] 在融媒体时代，新闻传播方式及路径均打破了传统媒体的局限性，诸多新媒介与工具的诞生和普及应用，促使新闻信息传播渠道不断拓宽，也提高了新闻传播速率。短视频新闻是融媒体时代的必然产物，作为新闻传播的新方式和新渠道，深受社会群体喜爱和推崇。

一、融媒体时代短视频新闻传播的特殊优势

（一）用户黏性强

融媒体时代背景下，大众获取新闻信息的路径越发广泛，短视频新闻现已成为其信息获取的重要路径。如今，短视频新闻在诸多平台向好发展，收获大量关注、评论和转载，较大程度上提高了新闻影响力与传播力。因为受众数量锐减，所以传统媒体必须改革创

---

① 周冰冰. 融媒体时代短视频新闻评论的发展策略——以观点类短视频"晶报说"为例 [J]. 新闻世界，2023（03）：46.

新，积极抢占融媒体市场，以获得更多受众，从而提高媒体行业公信力与影响力。现阶段，传统媒体普遍在社交平台中注册官方账号，通过视频形式发布各类新闻信息，并获得众多受众关注与点赞。由于传统媒体具有较强权威性，其制作和传播的短视频内容更容易被广大受众群体所接受，其内容整体质量在持续提升，与受众的交互程度亦在不断加深，所以，在吸引受众群体的基础上，应加强平台用户黏性。

（二）传播效率高

现阶段，新闻传播路径越发多元，微博、微信、抖音等各类社交平台面向的受众群体也十分广泛，平台新闻信息传播速度较快，这一发展态势进一步推动了各类媒体的融合。相对于传统平面媒体图文结合的信息传播形式而言，短视频新闻更能吸引受众，对于受众群体而言，短视频新闻的呈现力也较强。在新闻事件报道中，部分媒体会重视基于短视频新闻制作视角展开信息收集工作，根本目的在于促进新闻信息更好地传播。各大社交平台在短视频新闻发展领域投入较多财力、技术、人力以及物力等资源，所开设的短视频模块涵盖文体类、时政类、经济类以及社会类等，有着服务性、即时性与交互性等特征，高度契合当代受众对新闻信息的个性化诉求，可以快速吸引更多受众。现阶段，社会生活节奏持续加快，短小精悍与精准推送的短视频新闻，较大程度上减少了受众群体获取信息的时间，最大限度地满足了其迅速获取所需新闻信息的诉求。并且，短视频新闻丰富了新闻内容表现方式，使受众群体在接收新闻信息的基础上，真正享受精彩的视觉盛宴。就传统新闻媒体而言，其在开设短视频新闻版块以后，能够将所获得的具有实际意义的新闻线索渗透到短视频新闻制作中，以短视频传播的一般规律为基准进行加工制作。

二、融媒体时代短视频新闻传播的有效路径

（一）选取短视频新闻多元素材

一直以来，内容都是短视频新闻传播取胜的关键所在，所以在融媒体时代，相关工作者要精心选取短视频新闻素材，开展多元选题工作，在各类素材中筛选新颖选题，并采取多样性表现方式进行短视频新闻传播。

传统媒体时代对新闻具有较高要求，即记者或播音员必须在报道新闻事件中保持严肃和庄重的态度。随着融媒体时代来临，为有效拓宽短视频新闻受众群，视频制作者应保证选题和素材的新颖性，促使短视频新闻内容能够吸引大量受众关注。而在保证选题新颖的基础上，亦要确保表现形式的先进性。在多数短视频新闻当中，均采取画面和解说配合的

表现形式。然而在融媒体时代，针对部分相对特殊的新闻事件，可以引进无解说的表现形式。也可选用第一人称促使视频制作者能够和受众群体产生情感层面的共鸣，以此引发受众群体关注新闻事件背后隐藏的现实意义。尽管无解说视频表现形式较为新颖，但其要求创作人员在收集新闻素材时真实记录与还原现场声音，从而在短视频中能够有效展现声音元素，使受众群体获得身临其境之感。

（二）不断增强编辑的创新意识

随着数字媒体不断发展，短视频新闻现已具有相对完备的传播体系，无论是一线的新闻视频拍摄整理还是后期视频制作播放，均具有完备的媒介服务体系作为支撑，多数短视频新闻传播平台现已成为各类新闻信息传播的重要路径。互联网的运用既转变了社会群体生活方式，同时也转变了新闻信息传播形式，电脑和手机已然成为快速获取信息且携带便捷的新工具，随之涌现的多样化手机服务亦深受大众喜爱和推崇。新闻编辑应紧跟社会发展脚步，与时俱进，具备短视频新闻传播创新意识，并深入探索融媒体时代新闻传播发展方向，利用最受欢迎且最高效的路径传播各类新闻信息。

5G时代来临，众多自媒体不断涌现，大众可以通过手机迅速浏览各类新闻信息、观看短视频新闻。新闻编辑普遍会收藏喜爱的自媒体平台，以此为媒介探索新闻传播契机，并注册自媒体账号，塑造独特的短视频新闻传播风格。而在制作短视频新闻时，视频形式对于其最终传播成效具有直接影响。新闻编辑要赋予短视频新闻社会价值，以受众群体个性化新闻需求为基准，设计具有针对性且新颖的短视频新闻内容，以此提升短视频新闻的影响力和吸引力。另外，在赋予短视频新闻更深层次社会价值的过程中，编辑还要强化技术手段运用，促进现代化技术手段和叙事方式的融合，以此促进短视频新闻创新。例如，对于素材相同的短视频新闻，要在表现形式层面进行创新，突出原创，对主题和题材进行差异化分析，以此选择更好的短视频表现手法与表现方式。

融媒体时代的表现形式亦具备多样化特征，短视频新闻制作人员可借助声音变换、分层表达、添加音效以及场景对比等元素，丰富视频表现手法，促使短视频新闻内容能够在原有基础上生成多样化风格，打破原创与整合存在的突出矛盾。

（三）优化短视频新闻内容设计

融媒体时代，为充分发挥短视频新闻所具备的传播效能，相关工作者在制作短视频新闻时，要着重强化内容设计，并树立商业化、市场化运营思维，以此为依托创新短视频新闻内容设计观念与方法，从而使短视频新闻内容能够最大限度满足受众群体需求。在新闻内容设计过程中，相关工作者要总结归纳短视频平台中各类新闻题材与编辑风格的鲜明特征，以其内容为基准选择新闻传播方式，而后定位新闻主题，基于整体角度深刻把握短视频新闻内容。若长时间坚持相同类型题材，则要定位产品主题，对前期收集的各类新闻素材内容进行编辑与处理，以新闻主题为引领提炼内容，从而借助内容设计创新促使短视频新闻能够在社会价值和新闻事实间构建特殊关联。

就融媒体时代短视频新闻内容创新设计来说，制作者要综合分析设计环节、开展题材收集与编辑、进行视频主题处理及产品推广，在综合分析前提下实施内容设计的全面优化和细节调整。

第四节　融媒体时代下的短视频新闻节目传播策略

一、融媒体时代下短视频新闻节目的定位策略

第一，选题多样是短视频新闻节目定位的重要策略之一。传媒领域的发展日新月异，社会热点、时事新闻、人物访谈等各类选题应在节目策划中充分考虑，确保节目内容紧跟热点，引发受众的兴趣。不仅要关注政治、经济、文化等传统新闻领域，还要充分挖掘生活中的点点滴滴，将微观事件融入节目，使之更贴近观众生活。

第二，时长简短是短视频新闻节目定位的重要特点。在信息爆炸的时代，观众的注意力越来越难以集中，因此，短视频新闻节目应当力求精练，将复杂的新闻事件用简明扼要的方式呈现给观众。时长的限制不仅迫使制作团队精简内容，更能激发他们创新的灵感，使节目更加生动有趣。

第三，内容优质是短视频新闻节目定位的核心要素。无论时长如何，内容的质量都是吸引观众的关键。短视频新闻节目应当注重深度挖掘，将背后的故事呈现给观众，不仅要报道事件本身，更要揭示事件背后的原因和影响。只有内容丰富、有深度，才能赢得观众的信任和喜爱。

第四，同步更新是短视频新闻节目定位的重要保障。在信息更新迅猛的时代，观众渴望获取最新的资讯。因此，短视频新闻节目应当及时跟进，保持与时俱进，确保新闻报道的及时性和准确性。同时，通过不同渠道的同步发布，如社交媒体、新闻客户端等，将节目内容传播得更广更迅速。

第五，积极互动是短视频新闻节目定位的重要亮点。融媒体时代强调与受众的互动交

流，短视频新闻节目应当在节目中融入互动环节，通过投票、评论、问答等形式，拉近与受众的距离，增强受众的参与感和用户黏性。同时，及时回应受众关切和反馈，不断改进节目，提升用户体验。

总之，短视频新闻节目在融媒体时代的定位策略包括选题多样、时长简短、内容优质、同步更新以及积极互动等方面。只有在这些策略的指引下，短视频新闻节目才能更好地满足观众需求，保持持续的创新与发展，为传媒领域注入新的活力。

二、融媒体时代下短视频新闻节目的语言修辞策略

在融媒体时代，短视频新闻节目作为信息传递的一种重要形式，语言修辞策略的运用显得尤为关键。在保持新闻真实性、客观性的基础上，合理地运用语言修辞，能够增强节目的吸引力和影响力。以下将从新闻语言口语化、适当运用网络语言、语言风格年轻化以及述评结合、修辞得当等四个方面，深入探讨融媒体时代下短视频新闻节目的语言修辞策略。

第一，新闻语言的口语化是短视频新闻节目语言修辞的重要方向之一。传统新闻语言通常偏向正式、严肃，但在短视频节目中，过于烦琐的表达方式可能会使观众产生疏离感。因此，在保持新闻内容准确性的前提下，可以适度地运用口语化表达，使语言更加亲近、易懂。通过用词贴近日常生活，借助口语化的表达方式，能够拉近观众与节目之间的距离，增加观众的共鸣和参与感。

第二，适当运用网络语言是短视频新闻节目语言修辞的一项重要策略。网络语言作为当今社交媒体时代的独特表达方式，已深入人心，成为年轻观众的共同语言。在短视频新闻节目中，适当引入一些通俗的网络词汇、短语、表情符号等，有助于增强节目的时效性和趣味性，同时也更容易引起观众的关注。但需要注意，过度使用网络语言可能导致失去专业性和严谨性，因此应把握分寸，确保信息传递的准确性和权威性。

第三，语言风格的年轻化是短视频新闻节目语言修辞的重要特点之一。随着"90后""00后"等年轻一代的崛起，他们对于信息获取和传播有着自己独特的偏好和习惯。因此，短视频新闻节目在语言修辞上应更贴近年轻人的口味和审美，运用一些流行的词汇、文化元素，以及年轻人常用的表达方式，使节目更具亲和力和吸引力，从而吸引更多年轻观众的关注和参与。

第四，述评结合、修辞得当是短视频新闻节目语言修辞的一项关键策略。新闻节目除了传递客观事实外，也需要表达主播或解说员的主观看法和态度。在这种情况下，运用修辞手法进行述评可以增强情感表达和观点阐释。适当的修辞手法，如比喻、排比、夸张

等，能够使述评更生动、更富有感染力。然而，需要注意的是，述评过于主观或夸张可能引发争议，因此在运用修辞手法时应注意把握度，避免误导观众或偏离事实。

三、融媒体时代下短视频新闻节目的声音策略

在融媒体时代，短视频新闻节目的声音策略起到了至关重要的作用，它不仅可以增强节目的情感表达和吸引力，还能够深化信息传递的效果，使观众更加投入。在声音的运用上，主要包括背景音乐、音效音响以及台词语言等三个方面。

第一，背景音乐是短视频新闻节目声音策略中的一个重要元素。恰到好处的背景音乐可以为节目营造出特定的情感氛围，引导观众的情感体验。在报道庄重严肃的新闻时，可以选择适合的音乐来增强庄重感；而在报道欢乐活泼的内容时，则可以选择轻松愉快的音乐。背景音乐不仅可以填补画面与声音之间的空白，还可以加强情感共鸣，让观众更深刻地体会到新闻事件的内涵。

第二，音效音响也是短视频新闻节目声音策略中的一个重要元素。音效音响的巧妙运用可以增强节目的真实感和代入感，让观众有身临其境的感觉。例如，在报道自然灾害时，适当加入雨声、风声等音效，可以让观众更加感受到灾情的紧急和严重；而在报道人物访谈时，可以通过音响调整，让人物的声音更加清晰、突出。通过合理运用音效音响，节目可以在短时间内传达更多的信息和情感，增强观众的观看体验。

第三，台词语言是短视频新闻节目声音策略中的核心。台词作为主持人或解说员的表达方式，直接传递着新闻的信息和态度。在融媒体时代，台词语言应当更加简洁、生动，能够让观众迅速抓住要点。同时，台词语言也要注重情感表达，通过语气、语调的变化，传达出新闻事件的紧急感、喜怒哀乐等不同情感。此外，台词语言还应当注重客观准确，避免主观色彩过重，确保信息的传递不失真实性和权威性。

总之，融媒体时代下短视频新闻节目的声音策略具有重要的影响力。通过背景音乐的运用，可以为节目创造情感氛围；音效音响的巧妙运用则能够增强节目的真实感和代入感；而台词语言的精准表达则是信息传递和情感传达的关键。在声音策略的运用过程中，需要在保持客观准确的前提下，合理地运用各种声音元素，使节目更加生动有趣，观众更加投入，从而实现传播价值最大化。

四、融媒体时代下短视频新闻节目的图像策略

在融媒体时代，短视频新闻节目的图像策略发挥着至关重要的作用，它不仅能够增强节目的视觉冲击力，还可以更好地吸引观众的目光，提升信息传递的效果。在图像的运用

上，主要包括画中画和分屏的应用、中近景和近景的运用缩减距离感、主播形象更亲民且接地气以及花式字幕的应用等四个方面。

第一，画中画和分屏的应用是短视频新闻节目图像策略的重要手段之一。通过在画面中插入小窗口，或者将画面分成多个区域，可以同时展示多个视角、多个场景，丰富节目内容，增强信息的传递效果。比如，在报道新闻事件时，可以在一侧小窗口中展示现场画面，另一侧展示相关统计数据或专家评论，让观众一目了然。这种图像策略能够提供更全面的信息，让观众更好地理解和掌握事件的全貌。

第二，中近景和近景的运用可以缩减距离感，使观众如同身临其境。在短视频新闻节目中，运用中近景和近景的摄像手法，可以将焦点集中在人物表情、事件细节等方面，让观众更加深入地感受到事件的情感和现场氛围。例如，在报道人物访谈时，适时切换主持人和嘉宾的面部表情，可以更好地传递情感信息，增强观众的共鸣。

第三，主播形象更亲民且接地气是短视频新闻节目图像策略的又一关键点。随着融媒体时代观众的审美需求的变化，主播形象也需要与时俱进。主持人应该更加亲民、自然，不拘一格的造型和亲切的语言能够让观众产生亲近感，加深对节目的好感度。主播的形象和风格应与节目内容相协调，让观众在观看节目时既感受到专业性，又感受到亲切感。

第四，花式字幕的应用是短视频新闻节目图像策略的创新尝试。通过在画面中引入有趣、生动的字幕样式，可以使信息更加突出，吸引观众的视线。花式字幕不仅可以用来强调关键信息，还可以增加节目的趣味性和视觉吸引力。然而，在运用花式字幕时需要注意不要过度炫技，以免分散观众注意力，影响信息传递的效果。

五、融媒体时代下短视频新闻节目的渠道分发策略

在融媒体时代，短视频新闻节目的渠道分发策略起到了至关重要的作用，它决定了节目内容的传播范围和影响力。针对这一挑战，新闻机构需要采取多样化的渠道分发策略，以适应不同受众的需求和习惯。以下将从客户端多元衔接与屏幕多样互动、多平台分发资源整合拓展多样传播渠道两个方面，深入探讨短视频新闻节目的渠道分发策略。

第一，客户端多元衔接与屏幕多样互动是短视频新闻节目渠道分发策略的关键。随着智能手机等移动设备的普及，观众已经可以在不同的时间、地点使用多种屏幕进行信息获取。为了满足这一需求，短视频新闻节目应该充分考虑客户端多元衔接，即在不同设备上提供一致的观看体验，使观众能够随时随地获取到节目内容。同时，屏幕多样互动也是重要的渠道分发策略，通过与观众进行互动，如投票、评论、问答等，可以增强观众的参与感和用户黏性，提升节目的传播效果。

第二，多平台分发资源整合拓展多样传播渠道是短视频新闻节目渠道分发策略的另一个关键。在融媒体时代，观众的信息获取途径多种多样，传媒机构需要将节目资源整合，通过多平台分发，拓展更多传播渠道。除了在自家网站和应用上发布节目外，还可以通过其他社交媒体平台、视频分享平台进行分发，以覆盖更广泛的受众群体。这样的综合分发策略能够让节目在更多的平台上呈现，提高曝光度，增强传播效果。

总之，通过以上策略的合理运用，短视频新闻节目可以更好地满足不同受众的需求，增强观众的参与感和用户黏性，提升节目的传播范围和影响力，实现传播价值最大化。

第六章　融媒体时代下的县级融媒体中心新闻传播创新

第一节　融媒体中心及其传播要点

融媒体中心是指一个组织、部门或设施，旨在整合和协调多种传媒形式和平台，如文字、图片、音频、视频等，以便在一个统一的环境中进行内容创作、编辑、发布和分发。融媒体中心旨在适应现代媒体消费者多样化的需求，通过将不同媒体元素整合在一起，提供更全面、丰富和多层次的信息体验。

融媒体中心的目标是使内容能够在各种媒体平台上传播。例如，在社交媒体、网站、电视、广播等平台上展示相同或相关的信息，以达到更广泛的传播。这种整合性的方法有助于提高效率、节省资源，并为受众提供更方便地获取多媒体内容的方式。

在融媒体中心中，传统的新闻报道、信息传递、故事讲述等工作可以通过多种媒体形式来完成，从而更好地满足受众的需求。这也反映了媒体行业在数字化时代不断演变和适应新技术、新趋势的过程。

一、融媒体中心的功能及形态

（一）融媒体中心的功能

融媒体中心的建设是传统媒体内部体制机制转型的关键，也是传统媒体与新兴媒体融合发展变革的重要内容。融媒体中心的建设进程直接决定了媒体融合的程度。随着媒体融合的纵深发展，当前融媒体中心不仅承载着传统媒体本身所具有的提供信息与推动传统媒体转型发展的职能，与此同时它的职能还在媒体融合过程中不断丰富。在智能化、平台化、移动化的媒体融合趋势下，融媒体中心的功能包括推动媒体融合进程、生产融合产品、提供平台服务和应用新兴媒介技术四个方面。

第一，融媒体中心推动媒体融合进程。融媒体中心的推动作用主要表现在两个方面。首先，就宏观层面而言，作为一个媒体内部较为独立的机构，融媒体中心具有制定媒体融合战略的职责，能够为媒体融合指明发展方向；从微观层面来看，融媒体中心是一个部门，负责相关的日常管理工作，保障媒体融合的正常有序运行。其次，融媒体中心有培养融合型人才的职责。媒体融合对媒体工作人员所具备的能力提出了更加多元的要求，因此，不论是从融媒体自身建设出发还是为适应媒体融合的媒介环境，人员培训是融媒体中心必不可少的环节。

第二，融媒体中心生产融合产品。内容生产是融媒体中心的核心职能。融媒体中心建设的根本出发点就是生产与当前媒体市场相匹配的融合产品。传统的媒体内容生产部门在新的传播环境仅仅依靠旧有部门单兵作战的新闻生产方式，难以生产出适应新媒体发展的产品。融媒体中心在媒介技术融合与媒体组织结构融合的基础上，整合、融通媒体内外部资源，通过媒体采访技能的融合、媒体运作系统的融合、信息生产流程的融合，实现传媒产品形态的融合。

第三，融媒体中心提供平台服务。当前融媒体中心建设的路径是在传统媒体已有资源的基础上，根据当地实际的社会经济状况，打造一体化、服务化、互动化的综合智慧服务平台。在新闻和宣传之外，融媒体中心还承担着服务当地民众的核心任务。这就要求融媒体中心在区域数据集成平台的基础上，协助区域内政务服务、电子商务、党建服务、便民生活、公共服务等服务项目的开展，面向群众提供移动化、场景化的政务服务和生活服务，挖掘整合区域文化资源，提供高质量的文化服务。

第四，融媒体中心应用新兴媒介技术。第三次科技浪潮主导下的信息时代，技术更新迭代的速度加快，融媒体中心是新兴媒介技术落地进入实践应用层面的重要机构。媒体智能时代即将来临，融媒体中心将以"融合"的思维推进智能技术在新闻传播领域的应用与发展。

（二）融媒体中心的形态

融媒体中心功能的有效发挥需要一套稳定的架构模式和运作流程，从当前媒体融合的媒体智能化、全媒体传播、平台功能拓展、移动场景传播特征和媒体融合的实践来看，融媒体中心的形态由点及面、由初级到高级依次呈现为媒体矩阵、"中央厨房"、智能化传播服务平台。

1. 媒体矩阵

融媒体中心建设的第一步就是利用主流媒体平台或商业平台建设新媒体矩阵，由点到线，由线到面，打造融媒体立体式的传播渠道，实现传播渠道的融合。微博、微信、今日头条、抖音等互联网商业平台拥有广泛的用户基础，主流媒体借助商业媒体平台建立自身的传播渠道相当便利和经济。融媒体中心建设的全媒体矩阵一般包括报纸、广播电台、电视台等传统媒体，网站、微博、微信、抖音、新闻客户端等移动媒体，电子阅报栏等户外媒体。

不同的媒体平台和信息传播渠道，媒介产品的特质各有差异，这就要求融媒体中心根据传播渠道发布信息。媒体矩阵以内容融合、渠道融合为主，是融媒体中心建设的初级形态，也是融媒体中心视图中最为基础的一部分。

2. 智能化传播服务平台

融媒体中心有其独特的优势，如可以通过大数据连接信源收集、团队组建、选题策划、新闻采编、传播分发、用户接收反馈等信息传播系统的各个环节；在服务提供方面，其也可联合网络运营商在信息服务、政务服务、生活服务、产业服务方面分别打造智慧资讯、智慧行政、智慧社区、众创空间，形成"信息+服务"的数据化闭环，建设融媒体智能化传播服务平台。例如，重庆报业集团通过大数据、云平台、智能化的建设，打造集政务服务、新闻资讯、生活服务、理论宣传、媒体电商经营于一体的智能融媒体平台。

媒体融合进程中人工智能、大数据、云计算等技术的应用与互联网思维的深入推动了融媒体中心向智能化传播服务平台的发展。融媒体中心建设是打造中心的过程，融媒体中心在"信息+服务"平台的基础上应用智能技术打造集新闻信息发布中心、信息共享中心、政务服务中心以及智慧城市中心为一体的社会治理智慧平台。

二、融媒体中心的架构

融媒体中心的架构主要包括以下方面。

第一，组织结构。融媒体中心建设的首要步骤就是脱离原有的将新媒体业务作为传统媒体的延伸和附庸的结构模式，设立独立的组织部门，并将新媒体生产内嵌到组织内部，即聚合传统媒体原有的采编力量形成一个新的组织。设立的新组织可以根据融媒体中心自身建设的状况和需求，搭建组织内部架构，例如按照不同职能分工分为生产、技术、运营等不同的部门，或按照不同的项目或负责人员成立扁平化管理运作的工作室。

第二，硬件技术。技术是融媒体中心建设的重要支撑。融媒体中心不论是外部进行信息、数据展示监控的可视化大屏，还是内部运作的信息采编发布工具和平台，都需要依托信息传播的硬件设备和技术。拥有一定物力、财力、人力的中央级和省级融媒体中心通过搭建数据和信息聚合的云平台，实现硬件设施和技术对融媒体中心有效运作的支撑。地市级、县级融媒体中心建设的技术支撑路径主要有自主机构整合、合办模式、托管模式三种。

第三，渠道平台。渠道平台的融合是推动媒体融合的要素之一。融媒体中心建设的一项重要内容就是在传统媒体的基础上，打造新兴传播渠道平台，建立立体化的传播矩阵。渠道平台的建设主要有两种方式，一是搭载商业平台或主流媒体平台建立传播渠道，二是在自有资源上整合打造新平台。信息传播技术不断发展，媒体融合的传播渠道从电子报、网站、移动端到当前的短视频、直播平台等不断发展丰富，未来也将会有新的传播平台出现。这就要求融媒体中心紧跟技术潮流，关注用户动态，充分利用商业媒体平台，适应新媒体环境的变化与发展。

第四，信息与服务。提供信息与服务是融媒体中心的本职所在。在信息提供方面，融媒体中心在技术融合的基础上，实现信息生产流程的再造，并根据用户数据和算法推荐进行精准推送，高效地提供多元媒介形态的信息产品。在服务提供方面，融媒体中心整合融通政务、行业、用户多方数据信息，提供医疗、教育、文化等方面的公共服务，信息公开、办理证件等一站式政务服务，缴费、社保查询等便民生活服务。

第五，团队人员。就融媒体中心建设的长远角度来看，根据运作职能分工的需求，融媒体中心需要搭建技术、生产、运营三个团队。就短期新闻生产而言，实行项目制，即依据项目组建灵活的"跨部门"团队是融媒体中心进行优质内容生产的有效选择。在项目制中，参与人员根据个人兴趣、业务专长、个人资源自愿参与或接受安排，能够最大限度地发挥其优势，激发主动性和能动性，从而提升新闻项目的质量。

第六，经营管理。融媒体中心的运作仅依赖政府补贴是远远不够的，因此在互联网思维下的融媒体中心需要在经营管理上有所探索，通过本地新闻和便利服务吸引用户，以内容建设为中心开拓商业变现的盈利模式。

三、融媒体中心的传播要点

随着数字化时代的到来，传媒领域发生了深刻的变革，融媒体中心应运而生，成为适应多媒体环境下传播需求的重要组织形式。融媒体中心以其整合性、多样化的特点，成为信息传播的重要平台。在融媒体中心的运作中，有一些关键的传播要点需要特别注意。

第一，内容整合与呈现是融媒体中心的核心任务之一。融媒体中心需要将不同形式的媒体内容进行有效整合，包括文字、图片、音频、视频等。这些不同形式的内容应该能够在不同的传播渠道上无缝衔接，以满足受众在不同平台上的需求。整合的内容应当有机地融合在一起，形成一个统一、富有层次感的信息呈现方式，使受众能够更全面地理解和消化所传递的信息。

第二，跨平台传播是融媒体中心的重要策略。现代受众已经形成了多渠道、多平台获取信息的习惯，融媒体中心应当充分利用不同媒体平台的优势，将内容传播到更广泛的受众群体中。例如，同一条新闻可以通过文字报道、图文并茂、视频解说等多种方式呈现，分别适应不同受众的喜好和习惯，从而提高传播的效果和影响力。

第三，互动和参与是融媒体中心传播的重要特点。在融媒体环境下，受众不再是被动接收信息的对象，而是可以参与互动的主体。融媒体中心应当积极倡导与受众的互动，通过社交媒体、在线评论、问答互动等方式，促进受众与内容的互动交流，增强受众的参与感和归属感。这种互动不仅可以提高受众的黏性，还可以为融媒体中心提供宝贵的反馈和改进意见。

第四，创新技术的应用是融媒体中心传播的重要驱动力。随着技术的不断进步，融媒体中心应当紧跟科技发展的步伐，积极探索和应用新技术，以提升内容创作和传播的质量和效率。例如，人工智能技术可被用于内容生成、个性化推荐等领域，增强受众体验；虚拟现实和增强现实技术可以为受众创造沉浸式的传播体验，提升内容的吸引力。

第五，道德和责任是融媒体中心传播不可忽视的方面。在信息爆炸的时代，融媒体中心应当始终坚守媒体职业道德，秉持客观、公正、真实的原则，为受众提供可靠、有价值的信息。此外，融媒体中心还应当对传播的社会影响和后果负起相应的社会责任，积极参与社会问题的讨论和解决，推动社会进步和发展。

总之，融媒体中心作为适应数字化时代传播需求的重要形式，需要在内容整合、跨平台传播、互动参与、技术创新、道德责任等方面不断努力和探索。通过合理的传播策略和实践，融媒体中心可以更好地满足受众的需求，提高信息传播的效果和影响力，为社会的发展和进步做出积极贡献。

第二节　县级融媒体中心建设与优化策略

"加强新闻传播策略研究，充分运用融媒体技术，能有效提升县级融媒体新闻传播力、影响力。"[①] 县级融媒体是指整合县级多种媒介资源，如传统媒体（报刊、广播电视）、新媒体（微博、微信、抖音）、移动客户端等资源，构建融媒体中心矩阵，实现一键发布、

---

①　宗伟. 探讨县级融媒体新闻传播的发展策略 [J]. 中国报业，2023（08）：216—217.

多平台共享，集中指挥，统一运营，协同管理，以便更好地为党建宣传、政务宣传、公共舆论、社会民生等提供服务。县级融媒体中心是指整合县级广播电视、报刊、新媒体等资源，开展媒体服务、党建服务、政务服务、公共服务、增值服务等业务的融合媒体平台。县级融媒体中心的组织领导者是当地的市县党委宣传部，其所属的上级领导机构为省委宣传部。县级融媒体中心是在国家制度和统一改革格局下建立的新型县级媒体事业单位，位于我国四级媒体架构中的最低一级。

一、县级融媒体中心建设的必要性

互联网优势的发挥能够帮助县级融媒体中心拓宽其自身新闻传播的覆盖面，让新闻内容更好地传播，这不仅可以提升人们对新闻内容的关注度，还可以提升融媒体中心的影响力和经济效益。融媒体时代，县级融媒体中心想要提升自身的竞争力以及创收能力，需要运用融媒体来拓宽新闻宣传的范围，增加广告的投入数量和投入时间是极其有必要的。

另外，通过互联网不受时空限制的特点，积极发挥融媒体的优势，能够促进"广播电视为核心，网络系统传播为延伸"格局的形成，从而助力县级融媒体中心从县走向省市再到全国，形成系统性、多元性的传播体系，突破创收能力弱的困境。

二、县级融媒体中心舆论引导机制

（一）县级融媒体中心开展舆论引导的优势

县级融媒体中心凭借县级媒体自带的基层属性，在基层舆论引导和宣传中具有本土性、针对性、接近性强的三大主要优势，能够帮助县级融媒体中心在县域范围内开展舆论引导时占据先机，更好地巩固基层舆论宣传阵地。

1. 本土性强，具有天然民众亲和力

县级融媒体中心作为政府和基层信息传播系统的终端，其地域性和本土性决定了它在贴近群众和宣传方面具有与生俱来的优势。县级融媒体中心能够通过报道本地新闻，以及参与社会治理，提供政务服务等方式，让地方媒体与群众建立密切的联系，这些要素都是县级融媒体中心参与舆论引导的重要实践维度，也是县级融媒体中心今后融合实践不断拓展的重要动因。县级融媒体中心的最大优势在于本土性，自主报道范围较小，能够关注到更多细致的信息，并将其采写、报道出来，满足基层民众的需求。

此外，国家、省、市级主流媒体如新华社、人民日报等，这些颇具代表性的主流融合媒体矩阵虽然可以跨越地域限制，报道更具影响力的重要信息，但缺少"本土性"，而当人们需要在媒体中获得地方文化和地方身份的认同时，或是区县具有的独特历史文化遗产、传统特色的存续宣传方面，县级融媒体中心就能在本土文化传承宣扬中发挥其独特的、不可替代的作用，展现不同的地方文化，让民众了解地方文化，县级融媒体中心也能在这个过程中获得当地民众的认同感，从而具备高度的民众亲和力。

2. 针对性强，深入群众日常生活

县级融媒体中心在发布信息的时候，可以承担起细化传达上级政策的职能。一方面，县级融媒体中心可以对主流话语体系进行补足，宣传弘扬主旋律；另一方面，对覆盖地域范围更广的媒体来说报道价值不高，但与当地民众切身相关的这类信息及新闻事件，县级融媒体中心就有充分的报道空间。

各地县级融媒体中心通过激活县域的媒体资源，县级融媒体中心让媒体与民众的生活更加紧密地联系在一起。通过深入民众生活，县级融媒体中心获得了民众的关注和信任，建立起收集民意、反馈意见、传递政策的健康传播链。在舆情事件发生时，县级融媒体中心才能够在滞后介入的情况下提高信息收集处理的效率，在开展舆论引导时具备足够的民众信任度，在日常宣传和稳定社会情绪时能有更高的到达率与曝光度，切实发挥县级融媒体中心在基层的话语权，营造良好的舆论生态。

3. 接近性强，直接参与社会治理

县级融媒体中心的服务职能与舆论引导职能是相辅相成的，县级融媒体中心直接参与基层社会治理能帮助其更好地融入基层社会环境中，接近舆论发生环境与基层社会，发挥舆论引导职能。

在社会治理层面，县级融媒体中心作为国家媒体融合战略在基层的实践与深化，以引导和服务群众为价值追求，通过完善地方媒体中心的传播功能，构建公共服务、政务服务、民生服务、增值服务的社会治理格局，进而推动基层治理创新与现代化。这一媒介与党政机关协同治理的模式，使县级融媒体中心作为社会治理主体的能动性得以充分发挥。县级融媒体中心积极介入基层民众生活、经济建设、文化传播、教育培训等领域，为民众提供各类便民服务，包括参与到当地扶贫的经济项目中，开办"一次办好"网上政务平台，联合当地文化部门开办文化下乡等活动，县级融媒体中心逐渐成为民众生活中不可或缺的存在。对民众来说，相较于地域范围更广泛的媒体，县级融媒体中心提供的服务与自己的生活情景更加接近。目前县级融媒体中心在提供服务、参与社会治理时，与同级行政机构是牢牢绑定的，又几乎独占了当地的传播资源，也是最接近基层干部的媒介平台，这也令县级融媒体中心在体制和职权上能够更好地服务基层群众，落实相关社会治理与服务的职能，适配基层舆论引导工作。

县级融媒体中心与民众生活的接近性不仅能让民意传递的通道更加顺畅，还能为当地政府提供信息服务，通过构建政府各部门信息资源、服务项目的集成平台，帮助政府更好地服务民众。

（二）县级融媒体中心所处的舆论环境

1. 社会转型期激化社会矛盾

目前，我国正处于社会转型期，由此给社会带来的压力和风险也会影响构成舆论的各个要素，包括社会环境、公众、社会事件以及公开的信息平台等。县域范围内的社会空间与国家、省、市范围的社会空间在以上要素方面的差异，会直接导致县域内的舆论环境区别于国家、省、市范围这一社会空间所影响构建起来的舆论环境。

增加舆论引导的复杂性和艰巨性。社会转型期内，区县基层承担着大量行政工作，在异地监督受限的情况下，官民之间的矛盾很容易就会在县域舆论场内引爆，形成舆情事件，县级融媒体中心如果缺乏相关的监测预警机制，就不容易发现舆情风险点，此类事件就容易从县域舆论场上升到更广范围的舆论场中。因此，社会转型给基层舆论环境带来的风险是显而易见的。

从参与公众方面看，县域范围内的公众作为舆论发生、传播的主体，具有很强的集聚性和亲近性，联系更加紧密，对身边新近发生的社会事件具有高敏感度和高关注度。且随着经济水平和教育水平的不断提升，民众的媒介素养和知识水平也不断提高，表达自我的需求也逐渐出现，参与县域内事件的讨论的欲望也更加强烈。

从社会事件方面看，县域范围内，产生舆论的社会事件会引发更高的参与和交互意愿。县域范围内突发公共事件的发生率普遍较高，转化成舆情事件的概率也居高不下。信息技术让公众相互交流的方式更加直接，县域范围内的社会事件更容易引发关注，形成舆论，舆论环境的不稳定性就越强。此外，由于县域媒体的长时间缺位，民众与当地公权力的信息长期不对等，双方本就存在一定的不信任心态，民众对当地的政府、执行机构、不同利益阶层的不信任感也很容易在线上舆论场爆发。

2. "去中心化"消解主流媒体话语权

中心化是指将权力、控制、决策等从单一中心或机构分散到更广泛的参与者、组织或网络中的一种组织和管理方式。在"去中心化"的模式下，权力不再集中于少数几个人或组织，而是分布在更多的节点上，从而实现更开放、民主、透明的治理结构。这一概念在多个领域有应用，包括科技、金融、社会等。对于主流媒体来说，"去中心化"分解了主流媒体的一元话语体系，中央级或省市级媒体都还在适应"去中心化"时代的新媒体环境，努力融入新的话语体系中时，县级融媒体中心受到传统媒体背景和发展历史的限制，伴随着自媒体的崛起，主流媒体话语权被分解削弱，舆论形成的机制也在逐渐"去中心化"，让主流媒体正逐渐失去对舆论的绝对控制力。这样"去中心化"的舆论格局和传播趋势确实降低了一般民众获取信息的门槛，交流和信息的获取变得更加个性化、多元化，但带来的负面效应也让舆论场更加复杂混乱。

"去中心化"的传播格局导致了舆论场内庞杂的信息意见群的碎片式传播与病毒式的扩散。观点和传播内容更加难以把控，信息爆炸和技术无差别赋权带来副作用，无论什么样的信息都能够在舆论场占据一席之地，其真实性、信息量、公信力都不再是话语权分配的通用标准。

"去中心化"边缘了代表新闻专业主义的传统主流媒体，在这样的时代下，自媒体作为最"去中心化"的媒体类型，是当下削弱主流媒体话语权的活跃力量，信息真实性的判断交给了长期处于碎片化信息环境中的用户。

3. 新型主流媒体正在实现"再中心化"

面对"去中心化"的环境，主流媒体在我国承担着不可转让的重要职责，面对当下的舆论环境，主流媒体也在通过各种方式实现"再中心化"，坚持真实性、导向性、公平性、客观性、纯洁性的原则，做好舆论引导工作，重夺新闻舆论阵地。

从政策和历史的变迁中可以看出，县级融媒体中心是国家媒体融合战略向基层推进的阶段对策，县级融媒体在当下的定位，就是要补足因历史遗留问题导致的基层媒体缺位，做好基层舆论宣传引导的堡垒。各种社会组织形式在基层社会中不断涌现，使得基层社会呈现出组织多样、思想多元、诉求多样的特点。要下到各区县进行信息采集、建立舆情监测预警机制，及时与大量存在地域差异的民众沟通，预防和及时处理负面舆情事件的发生，单靠省市级媒体的信息收集和防控能力是难以应对的。县域基层需要具备自己的基层媒体或平台，依照当地文化特性，打通与民众的交流渠道。

（三）县级融媒体中心的舆论引导机制优化路径

1. 推进体制机制改革

高度融合的体制机制可以为县级融媒体中心提供高质量的支撑和保障。要实现县级融媒体中心宣传机制"去科层化"，需要从内部出发打破原有体制的束缚，重新规划内部组织架构，搭建起一个权责分明的领导体系，实现媒体内部的扁平化、规范化、中心化管理，优化内部的生态环境。

（1）在县级融媒体中心内部设立融合运营委员会组织机构，统领体制机制改革。县级融媒体中心可以通过设置统领体制改革的组织机构，将采编资源融合、媒体经营工作、主持技术工作分为小组，建立协商决策机制，分工明确，从领导层面确保体制机制的改革能够顺利推进。

（2）优化资源配置，让县级融媒体中心充分发挥自身现有的媒体管理和报道权，在科层制的宣传框架内，遵守宣传纪律的基础上，活用当下能调动的一切资源。通过与当地或所在省市的大型传媒集团合作，主动寻找更加稳定的资金来源，同时充分调动自身的媒介统合优势，提高在政府等相关管理部门中的存在感。活化媒介资源与人力资源，从而将优化后的资源投入增强舆论引导能力的各个环节中。

（3）对于县级媒体进行舆论监督报道受限的问题，县级融媒体中心也要加强与当地党政机关的合作和沟通，确保自己正常的报道受到公权力机构的支持和保障，在开展舆论引导时能够尽可能地排除客观环境的阻碍，使整个舆论引导机制能够顺畅运转。

2. 制订人才培育引进计划

县级融媒体中心只有挖掘得了、培养得了、留存得了人才，才能推动县级融媒体中心走向深度融合，让人才队伍建设完善起来，为县级融媒体中心的舆论引导提供新鲜的血液。

（1）设定完善的薪酬绩效制度。建立以岗位职责和岗位价值为导向的薪酬考核体系，以激励为核心，引入量化考核，通过评优奖优激励精品力作，调动工作人员的积极性、主动性和创造性，实现个人绩效和单位绩效的统一，初步调动起工作人员的工作积极性。

（2）打好"感情牌"。加强对工作人员的职业荣誉感和使命感的教育，尤其是针对县级融媒体中心的历史定位和职能的宣传教育，激发人才的工作荣誉感。让工作人员能够在基本观念上重视自己的工作，端正工作态度与维护工作纪律。

（3）培养人才走"明星化"路线，培养融媒体中心自己的"意见领袖"。重视起从传统媒体时代就一直在工作的现有工作人员的媒介素养与专业能力，根据其技能特长和采编风格，组建团队，培育属于县级融媒体中心自己的知名编辑、知名记者，更加强调其个人的身份，作为县级融媒体中心的"自媒体"介入舆论引导机制中，发挥意见领袖的引导作用。这样做首先可以集中县级融媒体中心有限的培育资源；其次，因人施策，培育精英的同时也解决了县域人才发展前景狭窄的问题；最后，还能增强县级融媒体中心的舆论引导能力。

3. 转变互联网思维应用观念

对于优化舆论引导机制来说，转变互联网思维应用观念，最重要的就是落实到用户思维上来。从宏观的舆论引导机制框架来看，县级融媒体中心引导的是民众，但县级融媒体中心在与这些参与主体交互时，更应将其视为媒体的用户，重视用户的发声需求，优化用户的使用感受，才能更好地开展舆论引导，同时，这也是实现县级融媒体中心深度融合的题中应有之义。

（1）对县域媒体矩阵内符合条件的媒体开放用户生产内容的权限，建设内容池。将县域内 UGC① 的信息体量切实纳入县级融媒体中心的引导范围。开放官方媒体公众号的评论区，加强对县域内村落、社区等单位的宣传推广，增强用户体量的同时开放个人上传信息、发布信息的渠道。不仅是个人，村镇、社区都可以作为用户主体加入县级融媒体中心的媒体矩阵中生产内容。这一举措要求县级融媒体中心拥有完善的体制机制和人力资源，从初期开放时就安排专人和系统对用户上传内容进行人工审核发布，做到高效规范，随着时间推移，建立发布用户的白名单与黑名单，在这个过程中也可以挖掘潜在的意见领袖和优质内容用户，通过提供更多的曝光机会和版面设置鼓励此类用户发布更多优质内容，与民众建立更深层次的交互联系，极大地增强县级融媒体中心的本土性与接近性。

（2）转变舆论引导观念，堵不如疏，将用户的表达欲与对社会的关注欲作为舆论引导应当满足的用户需求。

第一，对于县级融媒体中心合作的意见领袖，不再将其视为"上传下达"的传话筒，而是优化其新闻采编能力，加强思想教育，通过发挥意见领袖在媒体上的引领作用，增强舆论引导力。

第二，一定要注重倾听群众的声音，重视双向的传播。县级融媒体中心自己的媒体暂时做不到的，就通过第三方平台已经成熟的双向传播渠道进行传播。确保在两微平台拥有官方账号，并持续运营，重视对其的培养，借助两微等媒体的传播优势反哺县级融媒体中心的客户端及媒体矩阵，在运营两微账号时也不断深化用户优先的理念，融入互联网生态圈，实现共同发展。在两微端收集到的民意与社会信息，也更具有时效性，能够为舆论监控预警提供一个开放的信息窗口。

4. 完善自有平台建设

县级融媒体中心之所以会受到多元供给主体竞争局面和突破县域边界的限制，就是因

---

① UGC 指的是"用户生成内容"（User Generated Content）的缩写。它是指由普通用户创造、发布和分享的各种媒体内容，包括但不限于文字、图片、视频、评论等。这些内容通常是在社交媒体、论坛、博客等平台上产生的，而不是由传统的专业媒体机构创作和发布的。

为其本身缺少一个宣传能力过硬的主体媒介平台。

（1）这个平台应当是县级融媒体中心自建自有，这样才能保证它不受利益分割、账号注销、管理单位混乱等一系列问题的影响。

（2）这个平台应当能通过县级融媒体中心的外部第三方平台展开推广宣传。平台可以通过引流的方式，将使用其他服务供给主体的用户吸引到自有平台上来。

（3）这个平台本身要有区别于其他服务供给主体的特点，具备明确的发展方向，让用户从中真正感受到方便，愿意作为留存用户持续使用，增强用户的黏性，从而帮助服务治理职能能够切实助推县级融媒体中心开展舆论引导。

（4）这个平台要具备过硬的传播力、合理的主体联动机制、贴合用户需求的服务功能设置，具备跨县域的传播能力和开展服务、参与社会治理的实力，充分调动包括自媒体、民众、公权力机构在内的各个主体的内容生产与舆论引导能动性，优化融媒体矩阵内各媒体的共享交流机制，实现组织体到平台体的思维升级。

第一，县级融媒体中心要在体制机制改革基本完成的基础上再自建平台，以融媒体中心客户端为自建平台的代表，在建设过程中，其牵涉的技术更新、视觉表达优化、版面设计、用户管理等问题都会因为体制机制管理混乱埋下隐患。此外，自建平台的后续管理也要依赖人才资源和工作团队的默契配合。

第二，县级融媒体中心自建平台应当成为互联网思维应用的主要阵地，通过开放用户内容生产，吸引机构号入驻，外链第三方平台引流的方式增强县域传播力与舆论引导力。

第三，可以通过民生服务与政府业务结合开展合作，占得多元服务主体竞争先机。县级融媒体中心虽然与政府、企业、其他公共事业单位存在竞争，但它还是分发与共享基层各类数据的最适宜平台，因为它不仅仅是信息的传播者，还是国家基层治理的参与者与服务商。县级融媒体中心一方面通过直接服务当地百姓，夯实传统新闻资讯业务，创新包含开发服务生活的信息产品业务的版块；另一方面，县级融媒体能服务当地政府部门与企业，包括政府配套信息服务、数据技术服务以及服务于地方经济发展的营销策划服务等。通过与政府部门的合作，可以为县级融媒体中心争取到更多的服务项目与参与社会治理的机会，在多元服务供给主体的竞争中占得先机。

第四，打造属于当地民众自己的平台，将本土性作为其特色。县级融媒体中心应利用好县域媒体"在地性"的天然优势，讲好精品故事，打造当地人自己的媒体。通过与县域内建设时间长、与民生结合紧密的自媒体合作，邀请其加入县级融媒体中心的自建平台，或在平台上发布具有特色、与当地民生和本地特色强烈相关、垂直性强的内容，构建县级融媒体中心自建平台的独特定位。

通过针对性强、专业性强、适应性强的服务项目设计和内容发布，增强用户黏性，让用户习惯使用县级融媒体中心提供的服务治理服务，进而为县级融媒体中心开展舆论引导打下坚实的群众基础。比如区域县融媒体中心以设计当地特色美食地图为基准，不定时更新各商家的优惠信息和门头照片，并按照餐饮类别分类，方便查找。同时还能与"瞰区域"服务项目联动，将旅游和美食结合起来，通过自己独立、客观的美食评选机制和集中采编的旅游直播与攻略内容的配合，切实打出了区域旅游特色，收获游客和当地民众的认可。

三、县级融媒体中心建设的优化对策

（一）加强顶层设计和统筹

1. 从省县层面加强规划

（1）加强省级层面的顶层规划，去除畏难情绪。县级融媒体中心推进体制机制改革，需要在省级层面上加强对县级融媒体中心建设的整体规划和统筹协调。获得上级层面的政治赋权和政策支持，破除地方领导对于改革的畏惧情绪，这样才能求新变革。同时也可将县级融媒体中心作为最基层的传媒单位，嵌入省级融媒体体系中，上下打通体系建设，让县级融媒体中心获得更强的发展资源和技术支撑。

（2）在县级层面，建立一把手负责制。县级融媒体中心的体制机制改革，需要调动多方职能部门协调配合，需要"高位推动"。建立一把手负责制，有利于打通中心各媒体部门界限，统筹协调。同时一把手作为连接媒体与政府的桥梁，可以向政府反映媒体的建设难处，为媒体要政策，为媒体要资源，为县级融媒体建设赋能。一把手的作用至关重要，对于一把手负责人的要求也需跟上时代，不断提高标准。在选拔上，融媒体中心一把手不仅需要善于管理，而且要有魄力，敢于破除传统的行政化思维，求变求新，同时兼具市场思维和媒体业务知识。另外，可以探索将县级融媒体中心健康稳定运行、县级融媒体融合创新成效等纳入中心领导负责人的整体绩效考核评价体系，加强对中心领导的考核与激励，促使融媒体中心领导重视并不断推进媒体融合建设和改革进度。

2. 完善地方配套政策

（1）针对性地组织制定和研究出台关于促进县融媒体建设的地方政策、规定，细化领导工作职责、牵头单位、负责组织机构、人才资源配置、建设经费标准等各个环节，为县融媒体的健康稳定发展运行提供全方位政策支撑。

（2）给予融媒体中心技术数据方面的支持，以县级融媒体中心为主体整合当地的政务资源、政府大数据资源和智慧城市资源，推进融媒体平台建设成为本地的一体化信息枢纽，增强县级融媒体平台的功能性。

（3）加强当地宣传部门的督查督促作用，制定"县级融媒体中心建设考核标准"等相关考核制度，从内容影响力、服务建设情况、体制机制改革等多个维度设计考核内容，每年对融媒体中心建设的各项情况进行打分，对于"形融而实不融"的媒体进行定期整改，问责相关负责人，督促县级融媒体中心机制体制的深化改革。

3. 重构融媒组织结构

组织架构如何设计，也是县级融媒体建设首先需要思考解决的问题。通过分析国内先进的融媒体建设经验，从中可以发现，良性发展的融媒体中心组织架构是应当按照融媒体的功能性、其覆盖的主要业务体系来进行重构，如"融媒体新闻中心""融媒体民生服务中心""融媒体政务中心等"。在每一个垂直分类上再细分内容开发、运营服务，并以技术中心作为支撑保障部门、品牌运营中心作为宣传和活动经营部门，这样才能做到真正的"化学融合"，引发媒体内部人力资源、业务内容的融合效应，产生 1+1>2 的媒体影响力。

融媒体中心的上级管理部门，应该牵头推进融媒体的组织重构，使其部门划分向"化学融合"模式转变，灵活适配现有人员和资源，进行组织机构改革。并对改革的实效进行监督考察，推进各部门真正实现融合重组，杜绝改革形式化，打破媒体"合而不融"的僵局。

（二）基于用户需求改进内容建设

1. 再造内容生产流程

新公共管理理论主张在政府部门、事业单位管理中引入企业化的管理方式。结合流程再造理论，得到的启发就是运用企业管理中再造流程的方式，借鉴传媒企业较为先进的内容生产运行方法，再造县级融媒体中心的内容生产业务流程。

现在是大数据时代，不注重反馈的单向业务流程注定要在激烈的媒体竞争中被淘汰。传媒公司和新媒体公司能够在媒体大战中杀出重围，它们的运营模式值得借鉴。它们往往拥有专业的运营团队负责大数据的分析以及内容"选品"，然后运营团队分别与生产部门沟通内容、技术部门沟通数据，同时在工作中双向反馈，形成联动机制。应用在县级融媒体中心业务流程中，就是需要重视"运营"环节，搭建融媒体运营团队。运营团队基于市场的大数据分析，与内容制作团队策划媒体内容，然后内容制作团队去执行内容创作生产，技术团队运用多渠道分发手段将媒体内容传播出去，以求精准到达受众并获得相关数据反馈。这些反馈数据被运营团队再次收集以了解内容传播效果、指导内容创作方向。这样就形成"采编"—"技术"—"运营"的良性内容生产流程闭环。

2. 加强"服务"与"治理"功能建设

县级融媒体要想深入群众，除了做好新闻舆论引导和信息公开宣传、制作群众喜闻乐见的节目外，也要更加积极地拓展自身的社会服务功能以及社会基层治理功能，只有这些功能建设完善，才能反过来助推其主流舆论阵地的功能稳固发展。

（1）打造便民服务信息枢纽。将县级融媒体平台建设成为汇聚当地的新闻信息、民生服务、政务服务等功能于一体的信息枢纽，且具有不可替代性，真正让群众用起来、离不开，这才是县级融媒体平台内容建设的最终出路。因此，在工作中除了做好新闻舆论引导和信息公开宣传外，县级融媒体中心也要更加积极地丰富自身平台的服务功能。利用先进数字媒体技术手段，结合体制内单位的资源优势，在平台中汇聚接入更多的本地政府单位信息服务窗口；依据当地基层人民群众的需求扩大便民服务版块的数量和种类，引进电子商务等服务功能项目，发展"新闻+政务+服务"的内容模式，最终搭建起连接当地基层人民群众和政府的综合性公共服务平台，这样做才能增强融媒体的公信力和用户黏性，融媒体平台才能真正落地生根，有持续发展壮大的可能性。

（2）深度参与社会治理。县级媒体因为在地域上贴近群众，因而在本土的治理工作中极具优势。县级融媒体中心在建设中深入本地群众，深度参与社会治理，有利于建立县级融媒体的公信力、影响力，有利于媒体深入群众开展新闻舆论宣传工作，有利于促进县级融媒体转型发展。利用县级融媒体地域优势，深度参与社会治理，可以做到以下三方面。

第一，可以利用本土化的新闻宣传产品、文化娱乐产品，提高地方知名度，凝聚人心。

第二，借助体制优势可以更加便捷地聚集县域内的政务资源，为民众提供便民服务。例如借助媒体平台为民众和企业提供各种线上服务，开办农产品直播带货、企业线上招聘、线上购物等活动，在发挥自身社会责任的同时，也可以促进当地的经济发展。

第三，县级融媒体中心还可以作为多方协商共治的枢纽。例如，政府制定某项政策前，可以先通过融媒体平台在线征求意见，了解群众所想所需，这样对于政策的制定和实施都有积极的效果。策划、制作问政类节目，畅通舆情通道，在政府与群众之间搭建桥梁，最终促使问题的圆满解决。县级融媒体中心在政府和民众之间既承担着"纽带"和"平台"的职能，还扮演着"缓冲带"的角色。有了它的存在，民众才能更好地表达自身诉求，在沟通和交流中实现社会治理的协商共治。

（三）保障融媒体生态系统的良好运行

1. 建立融媒体建设专项资金制度

融媒体公共产品的特性决定了融媒体中心需由政府提供财政支撑保障。从现实因素上来说，县级融媒体作为主流媒体，承担着新闻宣传与舆论引导的功能。为了保证主流媒体的引导力与公信力，保障其生存发展，政府在县级媒体融合中一直对相关媒体部门实行财政全额或者差额拨款。如今面临媒体改革和机构重组，对引进人才和购买新技术设备的资金需求进一步增长，需要进一步增加财政支持。

设立县级融媒体建设专项资金，保证融媒体中心运转的基本开支，使其运营无后顾之忧，能专心于内容生产。县级融媒体建设专项资金的数额应该根据当地的融媒体实际建设进度决定，并且为阶段性的资金提供保障，在县级融媒体中心具备自我盈利能力之后再减少资金支持，这样不容易让县级媒体产生过多依赖性而失去自我盈利的能力。

县级融媒体中心建设专项资金如何管理，可以建立相关专项制度，完善管理，加强监督。建立融媒体建设专项资金管理办法，明确其专门用途，单独核算，划清与其他资金的界限，不得互相占用；明确专项资金的管理部门，立好使用台账，加强监督管理。相关审计部门负责定期、不定期抽查融媒体建设专项资金的使用情况，并就具体情况向管理部门汇报。对检查中发现的问题进行归类汇总、提出整改、完善意见。同时由融媒体中心、财务部门及其他相关部门，召开项目验收会议，对专项资金使用效果进行专项评价，保证融媒体专项资金的合理有效使用。

2. 以内容性质区分经营方式

县级融媒体有了政府的财政支撑，加强推进县级融媒体中心建设，技术平台搭建、服务功能开发、用于员工激励的二次分配都离不开资金的支撑。根据公共产品理论的相关知识，融媒体产品作为混合公共产品，可以根据其公益性进行分类，探索将融媒体中心的财政拨款部分与市场经营部分区别开来。根据融媒体产品的公益性，可以划分为公益性高的新闻类产品、准公益性的社科类产品和商业类型的纯娱乐产品，分别采取财政全额拨款、财政补贴和全部来自市场的成本补偿方式。负责新闻宣传的部门实行财政全额保障，社科类部门根据情况部分补偿，灵活经营，娱乐节目的部门可以完全实行产业化经营。新闻宣传与经营活动分开，既保障了融媒体的新闻舆论喉舌功能不受影响，又能做到盘活产业化经营。

在全部市场化的娱乐内容版块可以放活机制，大力发展产业经营，多方面探索升级经营变现模式，例如借鉴分宜县融媒体中心的经验，成立一家独立核算的传媒公司，专门负责整合现有媒体传播资源，探索迎合市场发展的多种经营方式，大胆探索"直播+网红"的"直播经济""短视频经济"，发展网红业务，在短视频平台开展网红主持人直播带货销售农产品等创收模式。

(四) 建立健全人才机制

1. 制定科学的激励和考核机制

实行适合融媒体运行的激励和考核机制，加强薪酬分配设计。例如，设计"基础性工资+基础性绩效+奖励性绩效"的薪酬分配办法，其中奖励性绩效是拉开收入差距的关键，在政策允许的范围内，增加奖励性绩效的倍数，将收入实现分化，激发人才创新活力。

实行有效的个体激励分配机制的前提就是要制定相配套的针对不同岗位的业务考核机制。研究制订并出台本地的融媒体中心工作量化考核办法，鼓励按情况精细化制定考核指标。例如，在短视频新闻制作的工作考核中，将浏览量、点赞量、评论量、转发量、同级同类排名及产品收益情况等数据作为考核评价的重要数据。从多个维度科学设计考核和激励机制，鼓励人才打破束缚，创新发展。

2. 完善人才引进、培训和储备机制

人才建设作为影响县级融媒体建设发展的关键性因素，需要从人才的引进、人才的培训交流、人才的储备三个方面着手。

(1) 县级融媒体中心应积极拓宽人才引进渠道，与周边地区加强人才资源交流合作，通过兼职、特聘等各种形式积极引进人才，例如融媒体发展过程中需要懂运营的全媒体人才，可以想办法通过提高薪酬、政策优惠等方式，引进省会或者一线城市中接触到最先进传媒业态的相关新媒体运营人才，为地方融媒体中心建设注入创新活力。

(2) 县级融媒体从业者需要通过实地走访、座谈、培训公开课程等多种互动方式。学习新的媒体技术、数据分析、运营思维，从只会采访、写稿的传统媒体人向能采编、懂数据、会运营的"全媒体人才"转型。同时还需要积极探索人才双向交流机制，推荐县级优秀融媒体人才去省级平台进行专业学习和锻炼，并回到县级平台继续开展互助活动，分享先进的传媒知识和理念。

(3) 抓本地人才储备。可以学习"区域模式"，推行名师导师帮带制，和当地的传媒学院、广播电视协会等合作成立传媒就业实习基地、传媒培训中心等，利用本地资源优势培育和储备人才。当地高校可设立传媒专业，借鉴中国传媒大学培养融媒体人才的方法，

设置如《融媒体广告营销》《融媒体管理与政策》等相关课程，培养既懂专业的融媒体传媒知识，又懂公共管理理论的媒体复合型人才，并通过与本地媒体的实习合作培养锻炼人才，保障融媒体人才储备。

第三节　融媒体时代下的县级融媒体中心新闻传播完善措施

县级融媒体中心新闻宣传工作的开展要想取得更好的质效，创新传播路径是极有必要的。县级融媒体中心要把握好新闻舆论发展规律，充分发挥融媒体优势，构建良性的舆论环境，积极更新新闻宣传理念，打造特色传播体系，强化传播主体与受众群体的互动性，从而有效推动县级融媒体中心的长远发展。

一、构建良性的舆论环境

县级融媒体中心新闻传播工作的开展离不开舆论工作的引导。因此，构建良性舆论环境是一项极其重要的工作内容。县级融媒体中心要做好新闻传播工作，其需要将舆论工作做好，构建良性的舆论环境，要充分了解传统媒体和新媒体的优势，根据自身实际情况，大胆创新，充分发挥县级融媒体的优势，从而为构建良性的舆论环境打下良好的基础。

县级融媒体中心要有效融合两者的优势，在获取和编辑新闻的过程中，以新闻内容质量为基础，以新媒体传播速度为核心来开展新闻传播工作，要针对当代新闻媒体系统的发展特色，在新闻选材方面保证新颖性，构建创新性的新闻传播体系。比如，县级融媒体中心可以成立舆论引导小组，时刻关注舆论发展动向，当负面舆论出现时要及时有效地进行舆论的正向引导工作。同时，其可以构建多元化的新闻传播体系，通过新闻网站、新闻客户端、微博、微信、短视频平台之间良好的合作来进行舆论引导，从新闻信息的获取到新闻信息的编辑、制作、播出等方面制定严格、有效的流程，提升从业人员的新闻采编播发和审核能力，为正确引导舆论打下深厚的基础。

二、强化互动，增强受众黏性

融媒体时代，受众群体可以通过多元的新媒体来获取多样性的新闻信息，这也让受众群体与新闻传播主体之间的互动性逐渐提升。因此，县级融媒体中心要强化与受众群体的互动，了解受众的喜好，采编制作更多受众喜欢的内容，双向互动能够增强受众与新闻传播主体之间的黏度，在留住原有受众的同时又可以吸引更多新的受众，提高融媒体中心的传播力、影响力。

第一，县级融媒体中心可以通过抖音、快手、微博等媒体平台来孵化自身垂直性较强的新媒体账号，当该账号已经能够留住一部分稳定的用户之后，便通过评论区中受众的提问与反馈，有针对性地应用用户的需求发布相应的新闻内容，当受众群体可以在县级融媒体中心的新闻内容当中获取到其想要的信息时，便会关注县级融媒体中心的动态，并进行积极的互动。这种双向的互动可以帮助融媒体中心获取更多的新闻资源，在传播新闻时也会更有针对性，更能够增强用户黏性。

第二，为有效增强受众群体与新闻传播主体之间的黏性，县级融媒体中心可以针对当地经济、文化等发展特点，设置具有浓厚地方特色的节目，并且积极邀请当地的群众参与到节目的制作当中。这不仅能够提高当地群众与新闻传播主体之间互动的积极性，也会提高该县级融媒体中心的知名度，有助于其制作的内容更贴近民众的生活。

总之，县级融媒体中心的新闻传播离不开新闻节目内容质量的提高，县级融媒体中心应当抓住新媒体与传统媒体各自的优势，通过传统媒体与新媒体的融合，让更多优质的新闻内容得以传播，遵循客观、真实的原则来获取和传播新闻，积极提升县级媒体新闻传播工作的质效。

三、内容创新，构建特色新闻传播体系

融媒体中心建立后，信息传播更加广泛，其不仅要关注新闻内容的质量，更要关注新闻传播的时效，通过受众群体较为关注的内容，与受众群体建立紧密联系。县级融媒体中心扎根县城，与基层受众群体接触的机会更多，也能够更近地听到群众的声音，更具有贴近性。

县级融媒体中心要立足基层，触角广泛，采编制作大量接地气、有温度、有深度的本土新闻资讯，并将国家的大政方针与当地实际情况有效结合起来，将国家政策通过通俗易懂的方式"讲"给受众群体听。县级融媒体中心能够将受众群体需要的内容通过动画、图文、短视频等形式"简化"，帮助受众群体解读和理解这些国家政策。如此，不仅可以有很好的传播内容，还可以让新闻传播工作更有系统性和有效性，取得良好的传播效果。

四、拓展多元化报道，丰富县域信息呈现

在当前融媒体时代，信息的多元化和个性化已成为受众需求的主要特征。尤其对于县级融媒体中心而言，积极拓展报道内容、丰富县域信息呈现具有重要的意义。在这背景下，需要采取一系列举措，以满足广大受众的需求。

第一，县级融媒体中心应当注重深度挖掘本地人文历史、民俗风情等特色。通过深入挖掘当地的历史文化，探寻乡土传统，呈现丰富多彩的人文景观，可以让受众更加深入地了解和感受本地的独特魅力。例如，可以推出一系列关于传统节日、民间故事、地方美食等方面的特色报道，让受众在阅读中产生强烈的情感共鸣。

第二，特色报道的深度和温度也是至关重要的。融媒体中心应当加强对于报道主题的研究和深度分析，提供更为详尽的信息，让受众在阅读中获得思考和启发。例如，在报道当地经济发展时，可以通过深入采访企业家和工人，展现他们的奋斗历程和心路历程，从而呈现真实的生活画面，引起受众的共鸣。

第三，多样化的报道形式也是不可或缺的。在满足不同受众阅读习惯的基础上，可以运用图文并茂、视频讲述、音频解读等多种形式，使信息呈现更加丰富多彩。例如，对于年轻人群体，可以采用视频短片的形式，以生动活泼的画面展现县域的美丽风景和人文风情；对于喜好阅读的受众，可以提供更多的图文深度报道，让他们在文字中沉浸式地感受本地的历史与文化。

总之，拓展多元化报道，丰富县域信息呈现，是县级融媒体中心的重要任务之一。通过深度挖掘特色内容、注重报道的深度和温度，以及采用多样化的报道形式，可以更好地满足受众的需求，让他们更加深入地了解和关心本地事务，从而推动县域媒体的发展与壮大。

五、加强社会责任，推动正面价值传导

作为县级融媒体中心，肩负着传递信息和引导舆论的重要使命。在当今这个信息多元化、碎片化的时代，强化社会责任、积极传递正能量、推动积极的价值观传递具有重要的意义。为了实现这一目标，我们可以采取一系列措施，确保信息传播的真实性和积极性。

第一，坚持真实、客观、全面的原则是维护社会责任的基础。我们要以客观的态度对待新闻事件，不偏不倚地报道事实，避免歪曲事实。通过权威、可靠的信息来源，确保报道的准确性，让受众获得真实的信息，建立起信任和声誉。

第二，拒绝虚假、低俗、暴力等有害信息的传播。在信息爆炸的时代，容易吸引眼球的信息，多半带有负面、消极的特性，因此我们应当坚守底线，通过严格的信息审核和筛选机制，杜绝虚假信息的传播，同时避免低俗暴力内容对社会造成不良影响。

第三，注重引导社会舆论关注积极进步的话题。在新闻报道中，可以突出宣传本地的科技创新、文化传承、环保发展等正面成就，鼓励人们关注社会的进步和人民的幸福。同时，通过深入报道社会公益活动、志愿者服务等善行事迹，引导人们传递关爱和帮助他人

的正能量。

第四，推动正面价值传导还需要在编辑策划方面下功夫。精心挑选报道题材，突出积极向上的内容，使正能量的信息成为主流。在报道中融入温情故事、人物特写等元素，让信息更具感染力，引发受众的共鸣。

总之，加强社会责任，推动正面价值传导，是县级融媒体中心的重要职责。通过坚持真实客观、杜绝有害信息、引导积极关注和精心编辑策划，我们可以为县域发展营造出积极向上的舆论氛围，为社会的进步与和谐做出积极贡献。

六、提升技术应用，优化新闻生产流程

在融媒体时代，技术成为推动发展的核心力量，对于县级融媒体中心而言，提升技术应用，优化新闻生产流程，将为媒体工作带来巨大的变革和提升。通过引进先进的新闻技术工具、探索新的报道方式以及优化流程，我们可以更好地满足受众需求，提高报道质量和效率。

第一，引进人工智能、虚拟现实等新闻技术工具，可以为报道增添创新性和吸引力。人工智能技术可以用于数据分析、信息挖掘，帮助编辑团队更快地获取关键信息，从而加强报道的深度和广度。虚拟现实技术则可以实现身临其境的新闻体验，让受众更加身临其境地了解新闻事件，提升阅读和观看体验。

第二，数字化、自动化技术可以优化新闻生产流程，提高工作效率。通过数字化管理新闻素材、资料和稿件，可以减少信息丢失和混淆，提高信息检索的效率。自动化排版和编辑工具可以节省时间和人力，使编辑团队能够更专注于创作和深度挖掘，提升报道质量。

第三，积极探索新媒体平台，拓展新闻传播渠道，也是提升技术应用的重要方向。随着社交媒体、短视频平台等新兴媒体的兴起，传播渠道变得更加多样化和便捷化。县级融媒体中心可以在这些平台上建立更紧密的互动关系，通过互动、评论等方式与受众进行更深入的交流，使信息能够更快速地传播，提高影响力和曝光度。

总之，融媒体时代下，县级融媒体中心需要不断探索创新，拓展多元化报道，加强社会责任，提升技术应用，以更好地适应时代发展潮流，为县域新闻传播贡献更大的力量。通过实施这些措施，县级融媒体中心将在新闻传播领域发挥更加重要的作用，为推动县域发展、构建和谐社会做出积极贡献。

参考文献

［1］曹征海，文意. 中国特色社会主义新闻传播的本质与作用［J］. 理论建设，2016（01）：126.

［2］常佳瑶，郭松. 新媒介时代的新闻传播发展趋势——评《媒介与社会：新闻传播的视角》［J］. 中国教育学刊，2023（01）：131.

［3］陈琳. 融媒体时代电视新闻的传播策划［J］. 声屏世界，2020（24）：84-85.

［4］陈稳. 融媒体时代新闻网站编辑工作创新的路径分析［J］. 新闻研究导刊，2022，13（16）：153-155.

［5］陈晓星. 融媒体时代记者职业能力重构与转型［J］. 中国报业，2023（06）：90-91.

［6］程元青. 试析传统新闻传播如何实现融媒体传播［J］. 中国报业，2023（10）：162-163.

［7］储著传. 融媒体时代新闻策划创新策略探索［J］. 中国报业，2023（05）：80-81.

［8］丁邦杰. 新闻短视频采编传教程［M］. 南京：江苏人民出版社，2022.

［9］董天策. 新闻传播研究论丛提要探微新闻传播理论纵横［M］. 重庆：重庆大学出版社，2022.

［10］封传美. 5G 时代短视频新闻传播的发展路径［J］. 传媒论坛，2021，4（04）：152.

［11］高晓虹. 中国新闻传播研究移动传播创新［M］. 北京：中国传媒大学出版社，2019.

［12］管笑坤. 融媒体视域下提升时政报道传播力引导力策略探究［J］. 新闻研究导刊，2023，14（10）：120-122.

［13］郭璐瑶. 新闻传播与营销策划［M］. 北京：中华工商联合出版社，2022.

［14］郭琪. 融媒体语境下的新闻传播理论探索［M］. 长春：吉林出版集团股份有限公司，2020.

［15］郝雨. 新闻传播学概论［M］. 上海：上海交通大学出版社，2017.

［16］黄海清. 县级融媒体中心新闻生产与传播的困境及路径探索［J］. 中国传媒科技，2020（11）：68.

［17］黄晓翔，刘兵. 融媒体时代生态文化的传播特征与策略［J］. 新闻爱好者，2021（04）：79-82.

［18］李博锋，惠兵科. 融媒体时代提升法治新闻传播效果的策略分析［J］. 新闻传播，2023（08）：89-91.

［19］李函洛. 新闻传播中的文化元素研究［J］. 中国报业，2023（09）：230-231.

［20］李良荣，魏新警. 论融媒体时代新闻传播复合型人才培养的"金字塔"体系［J］. 新闻大学，2022（01）：1-7+119.

［21］刘昶，哈艳秋. 新闻传播学前沿［M］. 北京：中国传媒大学出版社，2019.

［22］刘桂扬. 融媒体时代微信公众号的运营与创新［J］. 西部广播电视，2018（24）：33.

［23］刘文阁，李强. 新闻传播概论［M］. 北京：民主与建设出版社，2021.

［24］陆高峰. 微信舆论传播机制与生态多维治理［M］. 上海：上海交通大学出版社，2021.

［25］马晓婷. 短视频新闻传播的创新探索［J］. 中国地市报人，2023（05）：101-102.

［26］马俨. 融媒体时代如何提升能源新闻的传播效果［J］. 青年记者，2022（10）：83-84.

［27］苗立森. 融媒体时代电视新闻传播影响力提升探究［J］. 海河传媒，2022（06）：65-67.

［28］邱俊杰. 融媒体时代短视频新闻传播路径研究［J］. 新闻研究导刊，2022，13（24）：91-93.

［29］孙洁. 融媒体时代新闻写作的挑战和机遇［J］. 采写编，2023（07）：35-37.

［30］孙艳. 融媒体时代电视新闻的传播研究［M］. 北京：北京工业大学出版社，2021.

［31］唐慧宇. 融媒体背景下新闻传播的创新路径［J］. 新闻前哨，2022（04）：30-31.

［32］唐理. 融媒体时代新闻传播的创新与突破［J］. 新闻传播，2023（09）：56-58.

［33］王矾. 新闻传播形式的创新路径［J］. 采写编，2023（06）：78-80.

［34］王歌. "精传播"与"强关系"：新闻类微信公众号的传播突破与交流优势［J］. 新闻论坛，2023，37（02）：94.

［35］王金平. 主流媒体短视频新闻传播发展研究［J］. 现代营销（信息版），2019（03）：190-191.

［36］王晶. 微信公众号：新闻传播博弈的新平台［J］. 中国报业，2023（03）：34-35.

［37］向怡凡. 县级融媒体中心的媒介功能实现策略［D］. 湖南师范大学，2020.

[38] 肖邓华. 融媒体视域下的新闻传播研究 [J]. 新闻传播, 2023 (09): 47.

[39] 谢宛彤. 微信公众号为新闻传播增光添彩 [J]. 文化产业, 2023 (21): 67-69.

[40] 邢云峰, 郗雅锋. 融媒体时代新闻记者业务素养提升策略研究 [J]. 新闻研究导刊, 2022, 13 (17): 144-146.

[41] 许鹂. 融媒体时代电视新闻编辑转型策略分析 [J]. 西部广播电视, 2021, 42 (06): 179-181.

[42] 杨志敏. 论县级融媒体建设中的新闻改革 [J]. 中国广播电视学刊, 2020 (03): 91-93.

[43] 姚婷. 融媒体时代信息可视化设计在新闻传播中的应用 [J]. 新闻爱好者, 2022 (10): 91-93.

[44] 叶先锋. 融媒体时代新闻短视频的优势与传播 [J]. 西部广播电视, 2021, 42 (21): 61-63.

[45] 郑玥. 融媒体时代短视频新闻的特点和传播策略 [J]. 西部广播电视, 2022, 43 (14): 74-76.

[46] 钟智杰. 微信公众平台: 新闻传播变革的又一个机遇 [J]. 记者摇篮, 2021 (09): 15-16.

[47] 周冰冰. 融媒体时代短视频新闻评论的发展策略——以观点类短视频"晶报说"为例 [J]. 新闻世界, 2023 (03): 46.

[48] 宗伟. 探讨县级融媒体新闻传播的发展策略 [J]. 中国报业, 2023 (08): 216-217.